Rolf Decot

Kleine Geschichte der Reformation in Deutschland

Rolf Decot

Kleine Geschichte der Reformation in Deutschland

HERDER

FREIBURG · BASEL · WIEN

www.herder.de
Einbandgestaltung: Finken & Bumiller, Stuttgart
Satz: Barbara Herrmann, Freiburg
Druck und Bindung: Těšínská tiskárna a.s., Český Těšín
Gedruckt auf umweltfreundlichem, chlorfrei gebleichtem Papier
Printed in the Czech Republic
ISBN 3-451-28613-0

Inhalt

Vorwort

Die Geschichte der Reformation auf wenigen Seiten darstellen zu wollen, ist nahezu unmöglich. Es gibt eine Vielzahl von kompakten oder auch ausführlicheren Werken zum Thema. In jedem Fall war hier eine Auswahl und Akzentsetzung notwendig. Einige Autoren widmen sich den theologischen und kirchengeschichtlichen Fragen, d. h. der Reformation im engeren Sinn. Hier stehen dann Person und Werk Martin Luthers und andere Reformatoren, wie Huldrych Zwingli, Jean Calvin, die Täufer und weitere Gruppen im Mittelpunkt. Auch die Situation der alten Kirche, ihrer Antwort auf die Reformation im Konzil von Trient und ihre allmähliche innere Erneuerung wurden vielfach behandelt.

Historiker, die das Feld »Frühe Neuzeit« bearbeiten, haben in den letzten 30 Jahren die Reformation für sich neu entdeckt, indem sie in ihr eine Initialzündung erkannten, die sich nicht nur auf religiösem Gebiet auswirkte, sondern Veränderungen in vielen politischen und gesellschaftlichen Bereichen nach sich zog. Die Entwicklung zum frühneuzeitlichen Staat wurde gefördert, insofern die Reformation das seit dem Mittelalter angestrebte landesherrliche Zugriffsrecht auf das Kirchengut sanktionierte. Besonders im Blickfeld stand die Auswirkung der Reformation auf die »Konfessionalisierung«, d. h. die Vereinheitlichung der Wertegrundlage eines Territoriums im Sinn der Sozialdisziplinierung.

Angesichts der unterschiedlichen Zugänge zum Verständnis des reformatorischen Geschehens im weiteren Sinn gibt es seit langem das Bemühen, das Geschehen unter einheitlichen

Gesichtspunkten zusammenzufassen. Hieraus haben sich verschiedene Reformationstheorien entwickelt. Die angesprochenen und weitere Fragestellungen können oft nur gestreift werden.

Die hier gebotene Darstellung beabsichtigt, die Reformation für einen interessierten breiteren Leserkreis vorzustellen. Ausgangspunkt ist die Reformation Martin Luthers, wobei insbesondere auch theologische Aspekte beachtet werden sollen. Am Ende steht entsprechend die von der Reformation ausgelöste Erneuerung der alten Kirche durch das Konzil von Trient. Zwischen diesen Eckpunkten werden die politischen Voraussetzungen, Bedingungen und Folgen der Reformation betrachtet. Nachdem einmal der Damm, den die alte Kirche um sich gezogen hatte, durchbrochen war, trat eine Vielzahl von Reformatoren und reformatorischen Gruppen auf, die in sehr unterschiedlicher Weise eine Erneuerung des christlichen Glaubens anstrebten. Die Reformation ging zwar vom alten Reich aus, erfasste aber weite Teile Europas und die gesamte abendländisch beeinflusste Christenheit. Die vorliegende Darstellung wird sich, abgesehen von einigen Ausblicken, auf die Situation in Deutschland beschränken.

Die Anregung, die Reformationsgeschichte in der nun vorliegenden Form darzustellen, verdanke ich Herrn Dr. Bruno Steimer vom Verlag Herder. Hierfür, wie auch für die aufmunternde Begleitung, sei ihm herzlich gedankt.

Mainz, im März 2005 *Rolf Decot*

Einleitung
Die deutsche Reformation im historischen Kontext

Die Reformation gilt zu Recht als eines der wichtigsten Ereignisse der deutschen, der europäischen, ja der Weltgeschichte. Neuere Forschung hat zwar aufzeigen können, dass der Einschnitt, den die Reformation bedeutete, nicht so groß war, wie man lange vermutete, denn viele politische, soziale und wirtschaftliche Entwicklungen, die in der Reformationszeit zur Wirkung kamen, entstanden bereits im Spätmittelalter und überdauerten die Umwälzungen der Reformationszeit. Die Reformation war ein komplexes Zusammenspiel sehr unterschiedlicher Kräfte. Eindeutig standen damals als auslösende Faktoren die theologischen Fragen der Zeit im Vordergrund. In diesem Zusammenhang ist es dann vor allem Martin Luther, der zu Recht mit den Anfängen der Reformation verbunden wird. Die Umgestaltung der Gesellschaft und der Kirche, die durch die Reformation ausgelöst worden ist, wäre in der einen oder anderen Form auch ohne Martin Luther zum Ausbruch gekommen, jedoch war er nun einmal die entscheidende Gestalt, und seine theologische Fragestellung bestimmte den Gang der Geschichte. Unterscheiden muss man zwischen dem theologischen Anliegen Martin Luthers und den politischen, sozialen und gesellschaftlichen Implikationen dieses Anliegens sowie der praktischen Durchsetzung der Reformation.

Die prägende Gestalt des Reformationszeitalters ist Martin Luther (1483–1545). Von ihm sind in einer reformbedürftigen und nach Reformen rufenden Zeit die entscheidenden Anstöße ausgegangen. Er hatte ein theologisches Anliegen, ihm ging es um die Seelsorge, um die praktischen und konkreten religiösen Ängste und Sorgen der Menschen, zunächst bei sich selbst, dann bei den Mitchristen überhaupt. Seine Gedanken hatten aber eine solche Sprengkraft, dass sie nicht nur im theologischen und kirchlichen Bereich wirkten, sondern Veränderungen im politischen, gesellschaftlichen und sozialen Bereich verursachten. Es gab Folgen, die Luther zunächst nicht gesehen, die er nicht gewollt und auch nicht gebilligt hat. In den Entscheidungsjahren der Reformation von 1517 bis 1525 wurden unterschiedliche Ansätze zur Veränderung von Luthers Impulsen und Ideen überlagert und gebündelt. Später löste sich diese geballte reformatorische Kraft in Einzelbewegungen auf und verlor viel von ihrem anfänglichen Schwung.

Die Reformation des 16. Jahrhunderts ist einerseits Abschluss eines über zweihundertjährigen Reformprozesses, besser gesagt einer seit so langer Zeit erhobenen Forderung nach Reform von Kirche und Staat, an Haupt und Gliedern, andererseits manifestiert sie das irreversible Zerbrechen der mittelalterlichen Einheit zugunsten einer Parzellierung zunächst der europäischen Staatenwelt, sodann auch der alten aus der Antike überkommenen Kirche.

1 Der Reformator Martin Luther

1.1 Herkunft und Ausbildung

Nach einer Angabe Philipp Melanchthons wurde Martin Luther am 10. November 1483 kurz vor Mitternacht geboren. Am 11. November wurde er in der St. Peter und Pauls-Kirche seiner Geburtsstadt Eisleben auf den Namen des Tagesheiligen Martin getauft. Über die Verhältnisse der Familie Luther sowie ihr religiöses Leben sind wir relativ gut unterrichtet, vor allem aus den Erzählungen des späteren Reformators selbst, die sich in seinen Tischreden finden. Zur Herkunft Luthers sind einige Fragen von Bedeutung, die Bernhard Lohse gestellt hat: »Welche Bedeutung kommt der Tatsache zu, dass mit Luther ein Nichtadeliger, ein Mensch bäurischer Herkunft, eine Rolle spielen konnte, wie sie bis dahin nur Menschen der höheren Stände vorbehalten war?« »Welchen Einfluss hat die strenge Erziehung der Eltern auf den inneren Werdegang Luthers; gibt es einen Zusammenhang zwischen dem gestrengen Vater und dem Bild von Gott als dem Richter, das für Luthers Anfechtungen von großer Bedeutung war?« »Gibt es andere Faktoren, die auf den heranwachsenden Luther Einfluss in Richtung seines späteren Weges zum Reformator ausgeübt haben oder muss man bei Luther von einer ganz besonderen, vielleicht in gewissem Sinn sogar auffälligen Anlage sprechen?«

Trotz aller Deutungsversuche zu Luthers Psyche kann man davon ausgehen, dass es sich bei der Familie Luther um in damaliger Zeit völlig normale Verhältnisse handelte. Bei acht Kindern ging es natürlich in dieser Familie streng zu.

Die Religiosität entspricht der damaligen Zeit. Sie ist kirchlich, aber durchsetzt mit sehr viel Aberglauben. An der Kindheit Martin Luthers gibt es nichts Auffälliges. Die Schule hat Martin Luther von 1488 bis 1501 an drei verschiedenen Orten besucht, in Mansfeld, Magdeburg und Eisenach. Die gute Ausbildung ermöglichte ihm einen Aufstieg, der ihn über seine Herkunft erhob. In Magdeburg und Eisenach fand er Zugang zu frommen und religiös anspruchsvollen Kreisen.

Studium an der Artistenfakultät in Erfurt

Die Eltern ermöglichten ihrem begabten Sohn ein Studium an der damals recht bedeutenden Universität Erfurt. Bevor man eines der drei Fachstudien Theologie, Jurisprudenz oder Medizin aufnehmen konnte, musste man zunächst die Artistische Fakultät absolviert haben, in der man eine gründliche Ausbildung im Trivium (Grammatik, Dialektik und Rhetorik) sowie dem Quadrivium (Arithmetik, Astronomie, Geometrie und Musik) erhielt. Zum frühestmöglichen Zeitpunkt legte Luther Ende September 1502 die Bakkalaureatsprüfung ab. Nach der Praxis der damaligen Universität hatte er nun für die jüngeren Studenten einfache Lehrveranstaltungen abzuhalten und sich selbst dem Magisterstudium zu widmen.

Die Bücher des Aristoteles waren die Grundlage des Studiums an allen Universitäten. Es kam nun darauf an, wie diese Bücher interpretiert wurden. In Erfurt bediente man sich der Textzergliederungsmethode der Nominalisten. Dabei folgte man nicht einseitig Wilhelm von Ockham. Zugrunde lagen vielmehr die Bücher des Johannes Rucherat von Wesel (um 1420–1481), der einst selbst in Erfurt studiert hatte und am Ende seines Lebens in einen Ketzerprozess verwickelt war. Die philosophischen Lehrer Luthers waren Jodokus Trutfetter von Eisenach (gest. 1519) und Bartholomäus Arnoldi von Usingen

(1462–1532). Mit Trutfetter überwarf sich Luther später, weil Luther dessen logischen Ansatz verwarf. Bartholomäus von Usingen trat 1512 unter Luthers Einfluss in das Erfurter Augustinereremitenkloster ein. Obwohl er ursprünglich ein enger Vertrauter Luthers war, zeigte er sich in späteren Jahren als Gegner der Reformation in Erfurt. Er starb 1532 in Würzburg. Die nominalistische Dialektik und ihre Bedeutung für die Logik erfasste Luther während seines Studiums deutlich und die Art des Disputierens behielt er sein Leben lang bei.

Unterrichtet wurde Luther in der so genannten *Via Moderna*. Noch später bekennt er: »Ich gehöre zur ockhamistischen Partei«. Die formale Philosophie, die Luther hier lernte, hat er später hoch geschätzt und auch in seiner Theologie verleugnet er nicht die ockhamistische Grundlage – vor allem auch in der Erkenntnislehre, bei der die Ockhamisten lehrten, dass Erkenntnis über Gott nur aus der Schrift zu gewinnen sei. Während es bei den Thomisten keinen Gegensatz zwischen Vernunft und Glauben gibt, der Glaube vielmehr ergänzt, was der Vernunft fehlt, setzen die Ockhamisten Glauben und Vernunft gegeneinander. Für Luther steht der Glaube gegen die Vernunft, soweit die Vernunft nicht durch Gottes Geist erleuchtet ist.

Die Unterschiede zwischen *Via Antiqua* (Scholastik vor Ockham) und *Via Moderna* spielen in Luthers Leben später insofern noch eine Rolle, als es bei Gegnern, die der thomistischen Richtung folgen, so vor allem Cajetan, der sich Thomas von Aquin verbunden fühlte, zu keinem Verständnis wegen unterschiedlicher Voraussetzungen kommt. Die von den Humanisten gewonnene Kenntnis der lateinischen Klassiker hat Luther später immer hoch geschätzt. Seine philosophische Grundausbildung wurde später, als er dem Orden beitrat, noch angereichert durch die augustinische Tradition der Augustinereremiten.

Am 7. Januar 1505 bestand Luther als 2. von 17 Absolventen das Magisterexamen. Die meisten Studenten begnügten sich mit diesem Examen. Sie hatten nun die Möglichkeit, Lehrer oder gar Schulleiter zu werden sowie in der Verwaltung aufzusteigen. Mit erworbenen Magisterexamen hatte man aber auch das Zugangsrecht zu einem der höheren Studien, also Theologie, Medizin oder Jurisprudenz. Auf Wunsch seines Vaters, der für seinen Sohn eine Funktion in der Verwaltung der erstarkenden Territorialstaaten sah, schrieb sich Luther nun in die juristische Fakultät ein.

1.2 Luther als Mönch

Das Sommersemester 1505 begann für die Juristen am 19. Mai. Luther hat nur wenige Wochen Jura studiert. Mitten im Semester, Ende Juni 1505, reiste Luther nach Mansfeld zu seinen Eltern. Der Grund dafür ist nicht bekannt. Auf der Rückreise kam es zu Luthers Entschluss, ins Kloster einzutreten, den er im Juli 1539 so wiedergibt:

»Am 16. Juli, dem Alexiustag, sprach er, heute jährt es sich, dass ich in das Kloster zu Erfurt gegangen bin. Und er begann die Geschichte zu erzählen, wie er ein Gelübde getan. Als er nämlich kaum 14 Tage vorher unterwegs gewesen und durch einen Blitzstrahl bei Stotternheim nicht weit von Erfurt derart erschüttert worden sei, dass er im Schreck gerufen habe, hilf du, Heilige Anna, ich will ein Mönch werden. Aber Gott hat mein Gelübde damals hebräisch verstanden, Anna, das heißt unter der Gnade, nicht unter dem Gesetz. (Das hebräische Wort Channah = Hanna hängt mit dem Wort Chen = Gnade zusammen.)
Nachher reute mich das Gelübde und viele rieten mir ab. Ich aber beharrte dabei und am Tag vor Alexius lud ich die besten Freunde zum Abschied ein, damit sie mich am morgigen Tage ins Kloster geleiteten. Als sie mich aber zurückhalten wollten, sprach ich, heute seht ihr mich zum letzten Mal. Da gaben sie mir unter Tränen das Geleite. Auch mein Vater war sehr zornig über das Gelübde. Doch ich beharrte bei meinem Entschluss. Niemals dachte ich, das Kloster zu verlassen, ich war der Welt ganz abgestorben.«

Eine Diskussion um die Gültigkeit eines solchen Gelübdes scheint müßig zu sein. Luthers Zeitgenossen haben wie er selbst eine himmlische Berufung in dem Ereignis von Stotternheim gesehen. Ein Bursengenosse aus Erfurt sagte, die göttliche Vorsehung habe Luther durch einen Blitz vom Himmel her berufen wie einst Saulus vor Damaskus. Luthers Lehrer im Kloster, Johannes Nathin, bezeugte später, dass man auch bei den Augustinereremiten den Vorgang als eine besondere Berufung angesehen hat.

Für die Freunde Luthers kam der Eintritt ins Kloster überraschend. An dem Erlebnis Luthers in Stotternheim ist nicht zu zweifeln. In der Lutherforschung hat es aber eine langwährende Diskussion darüber gegeben, ob dieses Widerfahrnis eine ausreichende Erklärung für Luthers Klostereintritt sein könne. Hingewiesen wird auf die monastisch gefärbte Atmosphäre, in der Luther während seiner Ausbildung lebte, so bei den Brüdern vom gemeinsamen Leben in Magdeburg, vor allem aber in Eisenach aufgrund der Beziehungen seiner Gastfamilie zu den Franziskanern; die Lebensform während des philosophischen Studiums an der Universität Erfurt trug ebenfalls klösterliche Züge. Außerdem bestanden enge Beziehungen zwischen der Erfurter Artistenfakultät und dem Erfurter Augustinereremitenkloster. Verwiesen wird auch auf verschiedene Begegnungen Luthers mit dem Tod bzw. dem Bedrohtsein durch den Tod. Allerdings kann dies als eine allgemeine Erfahrung des mittelalterlichen Menschen gelten. Im Frühjahr 1505 fielen in Erfurt und Umgebung verschiedene Menschen, auch zwei Professoren und ein Examenskollege, der Pest zum Opfer.

Obwohl viele Freunde Luther vor dem Klostereintritt als fröhlichen Menschen geschildert haben, wird man doch davon ausgehen können, dass es eine Vorbereitung Luthers auf den Klostereintritt gegeben hat. Wahrscheinlich hat sich Luther schon vorher mit dem Gedanken getragen, ins Kloster zu gehen, denn sonst wäre kaum einzusehen, weshalb er in der Schreckensstunde ausgerechnet ein Mönchsgelübde abgelegt hat. Sündenanfechtung und Sorge um sein Seelenheil müssen den Studenten Martin Luther schon länger heimlich gequält haben, sodass er in dem Schrecken, plötzlich vor Gottes Richterstuhl treten zu müssen, den Ruf zur höchsten Lebensform hörte, die es für einen Christen nach der Lehre der Kirche gab. Ein Gelübde, das Luther nur im Schrecken ablegt hätte, wäre auch nach damaligem Kirchenrecht nicht bindend gewesen.

Warum Luther unter den sieben Erfurter Klöstern das der Augustinereremiten gewählt hat, können wir nur vermuten. Die Augustinereremiten galten in Erfurt als besonders streng und ernsthaft. Sie hatten Beziehungen zur Erfurter Universität und Luther kannte durch sein Studium bereits einige Lehrer. Schließlich unterhielt dieses Kloster eine Bruderschaft der Heiligen Anna, der Luther sein Gelübde gegeben hatte. Am 17. Juli 1505 begehrte Luther Einlass in das Kloster der Augustinereremiten in Erfurt.

Die Augustinereremiten entstanden in der Mitte des 13. Jahrhunderts auf Wunsch Papst Alexanders IV. aus mehreren Gruppen von einsiedlerisch lebenden Gemeinschaften in Italien. Den Namen des Kirchenvaters Augustinus übernahmen sie, weil sie die unter seinem Namen bekannte Ordensregel annahmen. Wie in anderen Ordensgemeinschaften, gab es auch bei den Augustinereremiten im Lauf des 15. Jahrhunderts den Ruf nach Reform. Da es nicht gelang, den Orden als ganzen zu reformieren, entstand ein Nebeneinander von normalen, d. h. herkömmlichen und von observanten, d. h. reformierten Klöstern. Die Observanten wurden aus der Provinz herausgenommen und eigenen Vikaren unterstellt. In Thüringen-Sachsen war dies seit 1503 Johannes von Staupitz. Dieser Ordensobere hat maßgeblich auf Luthers Entwicklung Einfluss genommen. Staupitz wurde 1502 von Kurfürst Friedrich dem Weisen von Sachsen zur Gründung der neuen Universität Wittenberg mit herangezogen, wo er die Bibelprofessur übernahm. Als ihn seine ordensinternen Aufgaben ganz in Beschlag nahmen, übergab er sie 1512 an Martin Luther als seinem Nachfolger.

Bald nach seiner Ordensprofess 1506 erfuhr Luther, dass er von der Ordensleitung zum Priester bestimmt worden sei. Zur Vorbereitung studierte er die Erklärung des Messkanons, die der Tübinger Professor Gabriel Biel (gest. 1495) verfasst hatte. Sie war 1499 zum ersten Mal im Druck erschienen. In 89 Lektionen bespricht Biel die gesamte Messliturgie, angefangen von den Voraussetzungen und der Weihegewalt. Dort, wo es passt und nötig erscheint, erörtert er auch weitergehende theologische Probleme wie den Ablass, die Heiligenverehrung, die Gegenwart Christi im Sakrament, das Vaterunser, ebenso auch praktische Fragen des äußeren Ritus. Wie bei scholastischen Werken üblich, zitiert Biel reichlich die Bibel, die Kirchenväter sowie andere Autoritäten. Dieses kurze aber intensive und ihm nachhaltig im Gedächtnis bleibende Studium vermittelte Luther einen ersten Überblick über die aktuellen scholastischen Lehrmeinungen. Am 3. April 1507 wurde er im Erfurter Dom von dem in Erfurt residierenden Mainzer Weihbischof Johann Bonemilch von Laasphe zum Priester geweiht. Vater Hans Luther kam zur Primiz seines Sohnes mit 20 Personen und stiftete dem Kloster 20 Goldgulden.

Monastisches Leben und die reformatorische Erkenntnis

Das mönchische Leben war straff geregelt. Kleidung, Größe und Ausstattung der Zelle, das Benehmen, all dies war genau vorgeschrieben. Auch die kleinsten Verfehlungen wurden bestraft. Ziel war es nicht, die Persönlichkeit des Einzelnen zu entfalten, sondern den einzelnen Menschen nach einem vorgegebenen religiösen Ideal zu formen. Luther hat sich all diesen Anforderungen treu unterworfen und ist, wenn man seinen eigenen Schilderungen, aber auch denen seiner Mitbrüder, glauben darf, ein treuer und gewissenhafter Mönch gewesen. Ein wichtiges Element des Mönchslebens bildete die Buße. Luther hat vor allem nach seiner Priesterweihe sehr häufig gebeichtet, da er sich seiner Sündhaftigkeit bewusst war. Er sagt später, dass er aus der Beichte viel Trost empfangen habe. Er hat die Beichte, auch die Ohrenbeichte, geschätzt und sie sein Leben lang beibehalten. Jedoch wurde sie ihm auch Quelle besonderer Schwierigkeiten.

Luther hatte sich sowohl auf das Mönchsleben wie auf die Beichtpraxis der Kirche eingelassen und alle Forderungen akzeptiert. Jedoch fand er keine Befreiung. Um des Seelenheils willen hatte er das Gelübde abgelegt und er hoffte, durch seine Anstrengungen als Mönch und durch die Versuche, immer größere Reinheit und Heiligkeit zu erlangen, Gott wohlgefällig zu werden. Aber in diesen Klosterkämpfen erkannte er – dies wird allerdings in seiner späteren Theologie erst deutlich –, dass der Mensch nicht wirklich dem Gesetz genügen kann. Immer neues Bekennen der Sünden und der Schuld und immer neues Beichten hilft über dieses Problem nicht hinweg. Für Luther spielte in diesen Fragen die Erfahrung eine wichtige Rolle. Die Erfahrung zeigte nun aber, man kann die Werke des Gesetzes äußerlich tun, mit dem Herzen aber sehr weit weg sein von Gott. Gefordert wäre eine spontane Liebe, die als Frucht die guten Werke hervorbrächte. Diese Liebe kann der Mensch nicht aus seinen Werken zusammenschustern; sie kann nur von Gott geschenkt werden. Wann Luther diese Erkenntnis kam, ist nicht ganz sicher. Dieses existentielle Problem bildete den Ansatzpunkt für die spätere Neuformulierung seiner Theologie. Gelungen ist sie ihm, weil er gleich nach seiner Priesterweihe mit dem Studium der Theologie beauftragt wurde.

Studium der Schrift

Für Luthers gesamtes Leben und für die Reformation wurde sein Studium der Heiligen Schrift ausschlaggebend. Zu allen Zeiten ist die Bibel in der Kirche ausgelegt worden, auch im späten Mittelalter. Es existierte eine stattliche exegetische Bibliothek. Vor allem die Bibelkommentare der Kirchenväter wie Origenes, Hieronymus und Augustin sowie der Scholastiker wie Nikolaus von Lyra (gest. um 1349) und Hugo von St. Cher (gest. 1263). Außerdem gab es die *Glossa Ordinaria,* die ihre im Mittelalter gebräuchliche Form durch Petrus Lombardus erhielt. Zur Zeit Luthers wurden durch das neue intensive Griechisch- und Hebräischstudium auch die sprachlichen Hilfsmittel für die Bibelauslegung bereitgestellt. Luther war seit seiner Noviziatszeit mit der Bibel eng vertraut. Durch das Stundengebet kannte er den Psalter auswendig. Die Beschäftigung mit der Bibel wurde Luthers Lebenswerk. Hier hatte er auch persönlich seine Klarheit gewonnen.

Sein Theologiestudium begann er in Erfurt, dann rief ihn Staupitz nach Wittenberg, wo er in der Artistenfakultät die Nikomachische Ethik des Aristoteles zu lesen hatte. Gleichzeitig führte er sein eigenes Studium fort. Bereits im März 1509 wurde er biblischer Bakkalaureus und musste von nun an selbst Vorlesungen über einzelne Kapitel der Bibel halten. Die moraltheologischen Vorlesungen machten Luther wenig Freude. Am liebsten hätte er sich ganz der Theologie verschrieben, die, wie er sagt, »den Kern der Nuss, das Innerste des Weizenkorns, das Mark des Knochens erforscht«. Sein Erfurter Heimatkloster beorderte ihn zurück, nachdem er theologischer Bakkalaureus geworden war. Er hatte nun die Aufgaben eines Sententiars zu übernehmen.

Luthers Romreise

Luthers Vorlesungen über die Sentenzen des Petrus Lombardus wurden unterbrochen durch ordensinterne Angelegenheiten. Er wurde mit einem Nürnberger Mitbruder nach Rom geschickt, um dem Papst eine Appellation in Ordensangelegenheit zu überbringen. Die Romreise von Herbst 1510 bis zum Frühjahr 1511 war die längste Reise, die Luther in seinem Leben unternommen hat. Für die Renaissancewelt Roms hatte er keinen Blick. Ihn interessierte das religiöse Rom und er hat ohne Beanstandungen in den vier Wochen seines Aufenthaltes die üblichen Stationen eines Rompilgers absolviert. Luther war zwar entsetzt über die religiöse Verwahrlosung in Rom, jedoch lieferten diese Erlebnisse für ihn keinen Grund, an der Richtigkeit der üblichen Frömmigkeitsformen zu zweifeln. Die römischen Erfahrungen haben ihn nicht zum Reformator werden lassen. Seine späteren scharfen Urteile über Rom gründen weniger in seinen damaligen Erlebnissen als vielmehr in der theologischen Auseinandersetzung mit der Kurie.

Luther als Doktor der Theologie und Professor für Bibelwissenschaft

Bald nach seiner Rückkehr wurde Luther von seinem Ordensoberen endgültig nach Wittenberg berufen, das bis an sein Lebensende seine eigentliche Wirkungsstätte blieb. Der Ort war sehr klein, aber politisch nicht ganz unbedeutend, insofern er Hauptort von Kursachsen war. Als Luther im Herbst 1511 nach Wittenberg kam, erhielt er sogleich den Auftrag, sich auf die Übernahme der Bibelprofessur vorzubereiten. Nach eigenen Aussagen will sich Luther zunächst gegen diesen Plan gesträubt haben. Später betonte er immer wieder, er habe das Doktorat nicht von sich aus angestrebt, sondern es sei ihm von den Ordensoberen befohlen worden. Bei der Doktorpromotion im Oktober 1512 hatte Luther den Doktoreid abzulegen, in dem er versprach, eitle und fremde Lehren, die von der Kirche verdammt und frommen Ohren anstößig sind, nicht vorzubringen, und wenn es notwendig wäre, gegen sie vorzugehen. Dies hat Luther nicht vergessen und er hat sich später des öfteren auf seinen Doktoreid berufen. Mit der Promotion zum Doktor war die Beauftragung zur Lehre verbunden. Luther hatte nun die *lectura in biblia* an der jungen, erst zehn Jahre zuvor gegründeten Wittenberger Universität zu übernehmen.

2 Luthers theologische Entwicklung und der Ablassstreit

2.1 Frühe Vorlesungen

Die ersten Jahre nach der Doktorpromotion waren in gewissem Sinn die wichtigsten und großartigsten in Luthers Leben, denn in dieser Zeit erkämpfte er sich seinen eigenen Zugang zur Theologie aufgrund des gründlichen Studiums der Heiligen Schrift. Seine erste erhaltene Vorlesung sind die *Dictata super psalterium* von August 1513 bis Ostern 1515. Danach wandte er sich den Paulusbriefen zu, zunächst dem Römerbrief, den er von Ostern 1515 bis September 1516 kommentierte; es folgte der Galaterbrief von Oktober 1516 bis März 1517 und schließlich der Hebräerbrief von April 1517 bis März 1518. Von 1518 bis 1521 las Luther ein zweites Mal über die Psalmen. Diese Vorlesung, die *Operationes in psalmos*, blieb Fragment, sie umfasst die Psalmen 1 bis 21. In dieser Zeit hatte Luther sich vor allem mit seinen theologischen Gegnern auseinander zu setzen.

Für den Römerbrief hatte Luther viele Quellen studiert, die sich in seinem Manuskript nachweisen lassen. Wissenschaftlich stand seine Vorlesung auf der Höhe der Zeit. Jedoch ist Luthers Römerbriefkommentar mehr. Hier wird zum ersten Mal seine neue, bereits während der *Dictata* entwickelte Theologie sichtbar. Grundlegender theologischer Ausgangspunkt ist für Luther die Erkenntnis der Sündhaftigkeit des Menschen. Die paulinische Unterscheidung von Fleisch und Geist, so erkannte er, meint nicht den Gegensatz eines niedrigeren Teils im Menschen, eben des Fleisches, zu einem höheren Teil im Menschen, zum höheren Ich, d. h. zur Vernunft oder zum Geist. Mit Fleisch ist bei Paulus der ganze Mensch gemeint, auch seine Vernunft, und zwar insofern der Mensch außerhalb von Christus ist. Die Sünde ist deshalb auch nicht ein einzelner Akt, nicht ein Ausdruck der Sinnlichkeit und des Fleisches im platonischen Sinn, sondern die Sünde ist wurzelhaft. Sie ist eine Grundbefindlichkeit des Menschen. Inhaltlich ausgedrückt ist die Sünde bei Luther die Unfähigkeit, Gott wirklich über alles zu lieben, wie das erste Gebot es befiehlt.

Nur in Christus, d. h. in der Glaubensverbundenheit mit Christus, wird diese Sünde erkannt »denn vor Gott verhält es sich nicht so, dass einer durch gerechtes Tun ein Gerechter wird, sondern wer ein Gerechter ist, tut Gerechtes« (WA 56,3,16). Diese Grundsünde gilt es zu zerstören. Diese Grundsünde wird anerkannt, wenn wir Gott in seinem Urteil Recht geben. Diejenigen nämlich, die Gott in Wahrheit lieben, lieben ihn ohne Vorbehalte und ohne Rücksicht auf sich selbst. Sie sind auch bereit, in die Hölle zu gehen, wenn es Gottes Wille sein sollte (WA 56,391,7). Den Verzicht auf Selbstbehauptung bis in die Hölle hinein nannte man in der damaligen Frömmigkeitssprache *resignatio ad infernum*. Wer sich dem Willen Gottes ganz ergibt, der kann aber nicht fern von Gott sein. Der kann nicht in der Hölle sein, denn sie ist ja nichts anderes als Gottesferne.

Die wissenschaftliche Frage, die sich an solche Aussagen anschließt, ist die, ob es sich bei diesen Überlegungen nur um Formen mittelalterlicher Demutstheologie handelt. In diesem Fall wäre die Demut des Menschen die Bedingung für Gottes Heilshandeln an uns. Einige Autoren, vor allem solche, die für eine Spätdatierung des reformatorischen Durchbruchs bei Luther eintreten, deuten den Römerbriefkommentar in diesem Sinn. Jedoch gibt es im Römerbrief viele andere Stellen, die bereits die volle Rechtfertigungslehre enthalten. Die Römerbriefvorlesung ist also ein Dokument für das Ringen Luthers um seine neue Theologie.

Der Mensch, der seine Sünde kennt und sich im Glauben Gott zuwendet, gibt damit seinen Sinn gefangen unter das Kreuz. Die totale Hingabe Gottes an die Menschen im Kreuzestod Christi enthielt für Luther die Botschaft, dass nur die totale Hingabe des Menschen an Gott ihm Heil bringen kann. Indem der Mensch diese Wendung im Glauben vollzieht, hat Christus den halbtoten Menschen in die Herberge aufgenommen und begonnen, ihn zu heilen. Damit ist der Mensch nicht vollkommen gerecht, sondern gerecht und Sünder zugleich *(simul iustus et peccator)*. Sünder ist er in Wirklichkeit, gerecht in der Hoffnung (WA 56,269,30).

Auch der Glaubende bleibt Sünder, aber in einem langen und langsamen Prozess wird durch den Glauben Christus in ihm wirksam. Durch die Gnade wird er umgestaltet. Luther macht einen Unterschied zwischen Rechtfertigung und Heiligung. Wie der Glaube so ist die Rechtfertigung unmittelbar, während die Heiligung langsam vor sich geht und letztlich erst am Ende des Lebens von Gott vollendet wird.

Reformatorische Erkenntnis

Die Furcht vor dem Gericht des strafenden Gottes war ein Grund für Martin Luther gewesen, ins Kloster einzutreten. Hier wollte er durch das Streben nach Vollkommenheit die Seligkeit erlangen. Während das Noviziat bei ihm im Ganzen friedlich und ruhig verlaufen zu sein scheint, geriet er während seiner Primizmesse, aber auch später häufig während des Gottesdienstes, in Schrecken vor dem gegenwärtigen Richter-Gott. Mit dieser Sorge stellte Luther für die damalige Zeit keine Besonderheit dar, sondern hier präsentiert er sich als ein Mensch des ausgehenden Mittelalters. Allerdings bewegten ihn die damaligen Fragen tiefer als andere. Es ging um die Sicherheit des Heils: Wie bekomme ich einen gnädigen Gott, wie kann ich am sichersten zum Heil gelangen.

Schwierig wurde dieses Problem für Luther vor allem deshalb, weil er seine eigene Sündhaftigkeit besonders tief erkannte und an ihr litt. Letztlich ging es um die Unerfüllbarkeit des ersten Gebotes. Wie kann es dem Menschen möglich sein, Gott wirklich aus ganzem Herzen über alles zu lieben? Weder die Buße, noch die häufige Beichte, noch die klösterliche Askese, noch das Gebet helfen dem Menschen in dieser Anfechtung, vor Gott nicht bestehen zu können. Auch anderen Theologen des Spätmittelalters stellte sich dies als Problem. Die Frage nach der Heilssicherheit beschäftigte die Theologie allenthalben.

Luthers älterer Mitbruder und Lehrer an der Theologischen Fakultät in Erfurt, Johannes von Paltz, der bis 1505 im Wittenberger Kloster gelebt hatte, beschäftigte sich mit den gleichen Problemen. Nach neueren Untersuchungen von Berndt Hamm kann Johannes von Paltz als ein typischer Vertreter der spätmittelalterlichen Frömmigkeitstheologie gelten. Paltz sah auch das Problem, dass der Mensch den Anforderungen des Gebotes Gottes nicht genügen könne. Ihn beschäftigte dann die Frage, wie dennoch möglichst viele Menschen zum Heil gelangen könnten. Paltz war klar, dass man dies nicht durch eigene Werke erreichen könne, da der Mensch den Geboten ja nicht Genüge tun kann. Er gründet daher die Sicherheit des Heils auf die Institution Kirche. Dies ist die spätmittelalterliche katholische Lösung, die bis heute weithin Gültigkeit zu haben scheint. Der Mensch, der nicht auf sich und seine Leistung vertraut, sondern auf die Gnadenmittel, die die Kirche in den Sakramenten austeilt, darf des Heils gewiss sein. Die kirchlichen Hilfsmittel, Sakramente, häufiger Messbesuch, Wallfahrten, Gebete und anderes werden letztlich zu Mitteln, die eingesetzt werden, um das Heil zu sichern. Luther hat versucht, diesen Weg zu gehen, fand aber hierin keinen Frieden.

Dass die Erfahrung der Anfechtung im Spätmittelalter von unzähligen Menschen gemacht wurde, kann man daran sehen, dass der von der Kirche angebotene Heilsweg von vielen Menschen begierig begangen wurde. Ohne Anfechtungen wäre kaum jemand bereit gewesen, einen Ablasszettel für sich oder seine im Fegfeuer schmachtenden verstorbenen Verwandten zu erwerben. Die Seelsorge befasste sich mit den Anfechtungen, vor allem angesichts des unausweichlichen Todes, in einer speziellen Literaturgattung, der so genannten *Ars moriendi*. Sie sollte dem Einzelnen Trost und Hilfe geben, damit er nicht in Verzweiflung geriete.

Luthers Anfechtungen sind also aus der spätmittelalterlichen Frömmigkeit zu erklären. Das Besondere bei ihm ist, dass er die theologischen Fragen seiner Anfechtungen im Blick auf den Gottesbegriff mit rückhaltlosem Ernst durchlitt und durchdachte. Luther erfuhr in seinen Anfechtungen den Zorn Gottes. Durch das Studium der Schrift fand er einen Ausweg, dennoch litt er auch in seinen späteren Jahren unter ähnlichen Anfechtungen. Sie sind gleichsam Teil des christlichen Lebens.

Die Frage nach dem reformatorischen Durchbruch Luthers ist ein umstrittenes Problem. Dabei geht es einerseits um den Zeitpunkt dieses Durchbruchs, andererseits um die inhaltliche Bestimmung. Die wissenschaftliche Diskussion entzündet sich an Aussagen, die Luther selbst zu seinem reformatorischen Erlebnis gemacht hat. Die früheste Aussage stammt aus einer Tischrede aus dem Jahre 1532. Die letzte und umfassendste Aussage steht in der Vorrede zum ersten Band seiner lateinischen Schriften von 1545.

Bei der Frage nach der Datierung geht es um Früh- oder Spätdatierung. Stichdatum sind die Thesen von 1517. Die Frage von Früh- und Spätdatierung hat für die Beurteilung Luthers insofern eine gewisse Bedeutung, als sich von hier auf seine Motivation schließen lässt. Wenn das reformatorische Erlebnis nämlich vor 1517 gelegen hat, dann hat Luther die Mitte seiner Theologie innerhalb der Kirche entwickelt und selbst nicht den Eindruck gewonnen, wegen dieser Theologie mit der offiziellen Kirche in einen unheilbaren Konflikt geraten zu müssen. Sollte er die reformatorische Entdeckung erst nach 1517 gemacht haben, so hätte er sie gewonnen in der Auseinandersetzung mit der offiziellen Kirche. Wichtig wird hier vor allem, was man unter reformatorisch versteht. Gehört der Konflikt mit der Kirche wesentlich zum Reformatorischen? Sollte es nicht denkbar sein, dass Luther die Mitte des einen christlichen Glaubens für sich in radikaler Weise neu entdeckte und es zum Konflikt mit der offiziellen Kirche erst dort kam, wo er diese vom Evangelium her gewonnene Mitte in der Theologie und Praxis der Kirche seiner Zeit nicht wiederfand? Wollte denn Luther nicht nur das eine Evangelium Jesu Christi wieder zur Sprache bringen?

Die Frage nach dem Zeitpunkt von Luthers reformatorische Erkenntnis (so genanntes Turmerlebnis) taucht vor allem deshalb auf, weil er selbst, vor allem in den beiden angesprochenen Texten, davon spricht. In den zeitgleichen Schriften Luthers etwa der Jahre 1512–1521 lässt sich ein solch tiefes und seine Theologie veränderndes Ergebnis nicht nachweisen. Entscheidender als der Zeitpunkt ist der Inhalt des Reformatorischen bei Luther. Nach seinen übereinstimmenden Aussagen geht es inhaltlich um das neue Verständnis der Gerechtigkeit Gottes. Ansätze zu diesem neuen Verständnis finden sich recht früh bei Luther. Diese inhaltlichen Überlegungen stützen die These von der Frühdatierung. Alle Vertreter der Spätdatierung nämlich bestimmen die reformatorische Mitte anders, als Luther selbst es getan hat. Den neuen Gerechtigkeitsbegriff hat Luther, wie er selbst sagt, an den Psalmen und am Römerbrief erarbeitet.

»Jenes Wort ›Gerechtigkeit Gottes‹ ist in meinem Herzen (wie) ein Donnerschlag gewesen, denn wenn ich unter dem Papsttum las (Ps. 31,2): ›In deiner Gerechtigkeit errette mich‹ und (Ps. 86,11): ›In deiner Wahrheit‹ so glaubte ich alsbald, jene Gerechtigkeit sei der strafende Grimm des göttlichen Zorns. Ich war dem Paulus von Herzen feind, wenn ich las: ›Die Gerechtigkeit Gottes wird durch das Evangelium offenbart‹ (Röm 1,16). Als ich freilich später das folgende sah, wie geschrieben steht: ›Der Gerechte wird seines Glaubens leben‹ (Röm 1,17) und überdies noch Augustin zu Rate zog, da ward ich fröhlich. Als ich erkannte, dass die Gerechtigkeit Gottes die Barmherzigkeit sei, da wurde dem Gebeugten Hilfe zuteil«.

Um was ging es nach Luthers Aussagen bei der reformatorischen Erkenntnis? Luther hat den Text Röm 1,16f. genau untersucht und dabei den scheinbaren Widerspruch erkannt. Wenn im Evangelium die Gerechtigkeit Gottes offenbart wird, wie kann es dann Kraft zu unserer Rettung sein und wie kann es gleichzeitig heißen, der Gerechte lebt aus dem Glauben. Wenn nämlich das Evangelium uns nur sagt, dass Gott gerecht ist, d. h. dass er jeden nach seinem Tun vergilt, was sagt es uns dann mehr als die antiken Philosophen und welche Hoffnung gibt es dann für uns. Wenn dies der Inhalt des Evangeliums ist, wieso kann es dann heißen, der Gerechte wird aus dem Glauben leben. Die Lösung dieser Schwierigkeit fand Luther darin, dass er den Ausdruck ›Gerechtigkeit Gottes‹ nicht aktiv als die Gerechtigkeit, die Gott uns gegenüber als Richter ausübt, verstand, sondern passiv als die Gerechtigkeit, mit der wir von Gott beschenkt werden, d. h. Gott schenkt uns die Gerechtigkeit, die wir nicht haben; deshalb können wir, wenn wir dies im Glauben annehmen, leben. Gottes Gerechtigkeit ist daher identisch mit seiner Barmherzigkeit.

Diese Erkenntnis ist so neu nicht. Bereits im Alten Testament bedeutet der Ausdruck ›Gerechtigkeit‹ immer die von Gott geschaffene Gerechtigkeit. Außerdem interpretieren nahezu alle mittelalterlichen Kommentare die Stelle Röm 1,17 in dem Sinn, dass sie dort die Gerechtigkeit Gottes als seine

Barmherzigkeit auffassen. Dies hat Heinrich Denifle in einer Untersuchung nachgewiesen. Es geht aber bei Luther eigentlich nicht um das Verständnis dieser Stelle. Vielmehr erkennt er, und dies sagt er in seinem Text ja selbst deutlich, dass nicht nur an der Stelle Röm 1,17 Gerechtigkeit Gottes die Barmherzigkeit Gottes bedeutet, sondern dass es Inhalt der gesamten Schrift ist, Gottes Barmherzigkeit bekannt zu machen. Gott rechtfertigt den Menschen nicht aufgrund seiner Werke, sondern aufgrund der Verdienste Jesu Christi. Seine Gerechtigkeit wird ihm zugerechnet (imputative Gerechtigkeit) oder Gott spricht das Urteil über den Menschen (forensische Rechtfertigung): Du Sünder, du bist gerecht. Dir wird die Gerechtigkeit Christi »zugerechnet«. Was ist damit gemeint? Insofern der Christ auf sich selbst sieht, kann er sich immer nur als Sünder beurteilen. Im Glauben aber an die Zurechnung und Verheißung Gottes, die uns im Neuen Testament begegnet, ist er gerecht. Das meint Luther mit seiner berühmten Formel *Simul iustus et peccator,* gerecht und Sünder zugleich. Anstelle der uns unmöglichen Liebe und Gerechtigkeit nimmt uns Gott um der Liebe und Gerechtigkeit Jesu Christi willen an. Oder theologisch abstrakt formuliert: *solus Christus*, allein Christus ist unser Heil, d. h. *sola gratia*, nur durch Gottes Gnade können wir gerechtfertigt werden. Es gibt keinen menschlichen Zugriff auf Gottes Gnade. Gottes Gnade erreicht uns als Geschenk in der Verheißung, die uns in Gottes Wort trifft. Das meint *sola fide.* Allein im Glauben, der selbst geschenkt ist, erfahre ich Gottes Gnade.

Wie man sich auch hinsichtlich des Zeitpunkts oder Inhalts von Luthers theologischer Erkenntnis entscheiden mag, so ist doch richtig, dass wesentliche Elemente von Luthers späterer Theologie, so der Promissio-Gedanke oder die Konzentration auf das Wort, erst ab 1518/1519 deutlich vorliegen. Bedeutet dieser Gedanke etwas völlig Neues oder ist er Verdeutlichung und Präzisierung des grundsätzlich bereits Erkannten, Klärung und Selbstvergewisserung, die angesichts äußerer Angriffe notwendig wurde? Aufgrund der späteren Aussagen Luthers, vor allem in der Vorrede zum ersten Band der lateinischen Schriften, kann man davon ausgehen, dass die Neubewertung der Gerechtigkeit Gottes für Luther wohl der Kristallisationspunkt seiner eigenen theologischen Anschauungen geworden ist. Seine Theologie hat sich dann aber ohne Bruch allmählich entwickelt. Dass die Entwicklung der reformatorischen Theologie bei Luther nicht eine Augenblickserfahrung, sondern ein lebenslanger Prozess gewesen ist, betont er selbst wiederholt:

»Ich habe meine Theologie nicht auf einmal gelernt, sondern habe immer tiefer und tiefer hineingraben müssen; dahin haben mich meine Anfechtungen gebracht, weil man ohne Übung nichts lernt.«

Als Luther nach 1517 in der öffentlichen Auseinandersetzung stand, ist seine Position klar. Es gibt kein Wanken und Schwanken bei ihm, sodass man davon ausgehen muss, dass er seine Mitte bereits gefunden hat. Einzelne Konsequenzen, die aus seiner Rechtfertigungslehre folgten, zog Luther dann im Lauf der »Kampfjahre« und in seinem späteren Leben.

2.2 Der Ablassstreit

Das Ablasswesen

Einer breiteren Öffentlichkeit wurde Luther bekannt durch seine Ablassthesen. In seiner Auseinandersetzung mit dem Ablass ging es im Grund um ein bestimmtes Heilssystem, das sich im Mittelalter immer stärker ausgeformt hatte sowie um die Frage, welche Rolle die Kirche darin zu spielen habe. Die Kirche verstand sich als Heilsanstalt, die den göttlichen Auftrag hat, das von Gott geschenkte Heil an die Menschen durch die

Sakramente auszuteilen. Um den Kern der Sakramente rankten sich zunehmend weitere Frömmigkeitsübungen, Gebete und Riten. Der Ablass, der sich aus unterschiedlichen Ansätzen im 11. Jahrhundert entwickelt hatte, erhielt mit Hilfe der später hinzutretenden theologischen Lehren vom *thesaurus ecclesiae* (Kirchenschatz) und der *plenitudo potestatis* (Vollgewalt des päpstlichen Amtes) seine Begründung. Aufgrund seiner Machtfülle kann der Papst den von Christus und den Heiligen erworbenen Gnadenschatz autoritativ zum Nachlass der Sündenstrafen einsetzen. Als dann rund 50 Jahre vor der Reformation der Ablass aufgrund päpstlicher Verfügung auch für die verstorbenen Seelen im Fegfeuer zugelassen wurde, hatte die Kirche ein Instrumentarium in der Hand, mit dem sie in den Augen der Gläubigen wirksam den Weg zum Heil öffnen konnte. Furcht vor dem Heilsverlust war ein Motiv für die Menschen, die Ablässe zu gewinnen. Im Heiligen Jahr 1500 gab es große Ablasskampagnen in ganz Europa. Einer der Hauptverkündiger dieser Ablässe war Raimund Peraudi. Ein älterer Mitbruder von Martin Luther, Johannes von Paltz, begleitete Peraudi zeitweilig auf dessen frühen Ablasskampagnen. Im Zuge einer starken Fiskalisierung des Ablasses kam es schnell zu Auswüchsen. Bereits 1482 wurde an der Sorbonne in Paris ein Satz zur Anzeige gebracht, der auf den bekannten Spottvers hinauslief: »Sobald das Geld im Kasten klingt, die Seel aus dem Fegfeuer springt«.

Der Ablasshandel zwischen Rom und Mainz

Von der theologischen Reflektion zur reformatorischen Tat gelangte Luther, als er mit dem damaligen Ablasshandel konfrontiert wurde. Luther fühlte sich zur Stellungnahme herausgefordert, als er von dem Ablasshandel zwischen der römischen Kurie und Albrecht von Brandenburg erfahren hatte.

Albrecht von Brandenburg (1490–1545), der Sohn des Brandenburger Kurfürsten, war 1513 als 23-Jähriger zum Erzbischof von Magdeburg und gleichzeitig zum Administrator des Bistums Halberstadt gewählt worden. Bereits im folgenden Jahre 1514 wurde er zusätzlich zum Erzbischof von Mainz gewählt. Für die notwendige päpstliche Bestätigung dieser Wahlen waren Bestätigungsgelder nach Rom zu zahlen. Für die durch das kanonische Recht verbotene Ämterkumulierung wurde eine nochmalige Dispensgebühr fällig. Um diese hohen Abgaben leisten zu können, lieh sich der Erzbischof bei dem Augsburger Bankhaus Fugger die Summe von 29. 000 Gulden. Einen Weg zur Rückerstattung dieser hohen Summe wies dann die Kurie dem jungen Kurfürsten.

Papst Julius II. (1503–1513) hatte am 18. April 1506 den Grundstein zum Neubau der Peterskirche in Rom gelegt. Zur Finanzierung des Bauwerks hatte er 1507 einen vollkommenen Ablass ausgeschrieben, der von seinem Nachfolger Leo X. (1513–1521) erneuert wurde. Wegen der vielen in Umlauf befindlichen Ablässe stieß der neue Petersablass zunächst auf Absatzschwierigkeiten im Reich. Daher ließ sich die Kurie auf folgenden Handel mit Erzbischof Albrecht von Mainz ein. Für acht Jahre sollte er den Vertrieb des Petersablasses im Reich übernehmen. Vom Ertrag durfte er die Hälfte zur Rückzahlung seiner Schulden behalten, während die andere Hälfte unmittelbar nach Rom fließen sollte. Beim späteren Verkauf des Ablasses war jeweils ein Vertreter des Bankhauses Fugger anwesend.

Der Erzbischof von Mainz beauftragte verschiedene Subkommissare mit dem Vertrieb des Ablasses in seinen Territorien, d. h. in den Stiften Mainz, Magdeburg und Halberstadt, sowie in den anderen brandenburgischen Territorien. Für die sächsisch-magdeburgischen Gebietsteile holte er sich den Leipziger Dominikaner Johannes Tetzel (1465–1519). Luther erfuhr von der Ablasspredigt Tetzels durch seine Beichtkinder. Im März 1517 predigte Tetzel in Halle und am 10. April in

Jüterbog. Da der Kurfürst von Sachsen die Predigt des Ablasses in seinem Territorium verboten hatte, weil er eine Schmälerung der Ablasseinnahmen, die mit seinem Wittenberger Reliquienschatz verbunden waren, befürchtete, zogen seine Landeskinder in das Magdeburgische Gebiet, um den als besonders wirksam angesehenen päpstlichen Ablass zu erwerben.

Die 95 Thesen

Luther hatte sich bereits in früherer Zeit mit dem Ablass beschäftigt, so etwa in der ersten Psalmenvorlesung. Kritische Anmerkungen finden sich auch in der Römerbriefvorlesung. Aus den Jahren 1516 und 1517 sind einige Predigten Luthers gegen den Ablass bekannt. In der ersten Predigt, die sich am 24. Februar 1517 direkt gegen den Petersablass richtete, tadelte Luther, dass die Ablässe das Volk allein die Strafe fürchten lehren, aber nicht die Sünde. Die Ablassfrage wurde für ihn zum Bewährungspunkt seiner neu entdeckten Gnadenlehre.

Luther beschäftigten auch seelsorgliche Bedenken. Das Volk verlasse sich allein auf die Ablassbriefe, selbst dann, wenn die Ablassprediger richtig predigen sollten. Wirkliche Vergebung, so sagt Luther, sei nur durch vollkommene Reue zu erhalten. Wo sie aber vorliege, hebe sie nicht nur die Schuld, sondern auch die Strafe auf. Somit seien die Ablässe letztlich belanglos. Nachdem Luther sich über längere Zeit intensiv mit dem Ablass auseinander gesetzt hatte, wagte er am 31. Oktober einen weiteren Schritt. Inzwischen hatte er die Ablassinstruktion des Kurfürsten Albrecht von Brandenburg kennen gelernt. An ihn wandte er sich nun in einem Brief. Aus ihm wird deutlich, dass Luthers neu gewonnene theologische Sicherheit einerseits und seine seelsorgliche Verantwortung für die Gläubigen andererseits ihn zur Kritik an den Ablässen veranlassten. Das Volk glaube, nicht nur der Sündenstrafen, sondern auch der Schuld ledig werden zu können. Für diese falsche Meinung beim Volk trage Albrecht als Verkünder des Petersablasses die Verantwortung. Daher bittet Luther den Erzbischof in seinem Brief, die irrige Ablassinstruktion zurückzuziehen und die falsche Ablasspredigt einzustellen. Bewusst unterschreibt Luther den Brief als Frater Martinus Luther, berufener Doktor der Theologie, und verweist damit auf die in seinem Doktoreid übernommenen Verpflichtungen. In dem Brief wird weder der Papst direkt kritisiert, noch greift Luther die scholastische Ablasslehre an. Nur im Anhang erwähnt Luther beigefügte Thesen, aus denen der Bischof entnehmen könne, um was für eine zweifelhafte Sache es sich beim Ablass handele. Diese Thesen sind die berühmten 95 Ablassthesen. (Der Brief an Albrecht von Brandenburg vom 31. Oktober 1517 ist im Original erhalten und befindet sich heute in Stockholm.) Am gleichen Tag schrieb Luther einen nicht erhaltenen Brief an seinen Diözesanbischof Hieronymus Schulze von Brandenburg. Ob Luther sich in dieser Frage noch an andere Bischöfe gewandt hat, ist nicht bekannt.

Vom Anschlag der Thesen an die Tür der Schlosskirche zu Wittenberg spricht Luther niemals, wenn er in seinen Tischreden vom Anfang der Reformation erzählt. Dies berichtet nur eine Quelle nach dem Tod Luthers, nämlich Philipp Melanchthon, der sich aber 1517 sicher noch nicht in Wittenberg aufhielt. Heute wird der Thesenanschlag daher in Zweifel gezogen. Übereinstimmung besteht darin, dass Luther damals keinesfalls einen revolutionären Akt plante oder gar vollziehen wollte. Dennoch gelten die 95 Thesen zu Recht als die Geburtsstunde der Reformation.

Die Grundgedanken der Thesen bilden ein einfaches Gefüge: Das Bußwort Jesu zielt nicht auf das kirchliche Bußsakrament, sondern auf die unablässige lebenslängliche Buße des Herzens. Der Ablass hat nichts mit Schuld zu tun, sondern er bringt bloß den Erlass kirchlicher Strafen. Nur von selbst verhängten Strafen kann der Papst dispensieren. Für den Erlass der Fegfeuerstrafen hingegen kann er, wie jeder andere Priester, nur Fürbitte leisten. Der Ablass hat also keine Wirkung auf die Fegfeuerstrafe. Der Versuch, von Sündenstrafen freizukommen, widerstrebt dem Wesen wahrer Buße. Der Sünder nimmt sie freiwillig auf sich. Das Streben nach Ablass ist darum eine Sache des alten Menschen. Liebe üben ist unvergleichlich besser als Ablass erwerben.

Luther bricht in seinen Thesen noch nicht völlig mit dem mittelalterlichen Ablass, dies geschieht erst in späteren Schriften, als er von Gegnern angegriffen wird. Deutlich schiebt Luther alles Rechnen mit einer Strafe, die quantifizierbar ist, durch Leistungen, die ebenfalls quantifizierbar sind, beiseite. Spürbar ist seine Absicht, den Papst von der Verantwortung für die Missbräuche freizusprechen. Für sie sind nach Luther die Ablassprediger verantwortlich. Luthers neues theologisches Programm wird in den Ablassthesen deutlich: die ideale Kirche soll eine Kirche der Buße, des Wortes und der Liebe sein. Luther war in seinen Ablassthesen durchaus der Meinung, sich im Rahmen der kirchlichen Lehre zu bewegen. Die kirchenkritischen Äußerungen sind also als ein Versuch zu verstehen, Missbräuche in der Kirche abzustellen.

Die Thesen, auf Latein abgefasst, richteten sich nicht an Laien, sondern waren für die theologische Disputation bestimmt. Trotzdem verbreiteten sie sich ohne Luthers Zutun sehr rasch. In Nürnberg wurden sie bereits im Dezember ins Deutsche übersetzt. Hier in Nürnberg sowie in Leipzig und Basel wurden die Thesen in großer Auflage auf Deutsch gedruckt und fanden schnell Verbreitung. Luther wurde binnen weniger Wochen zu einem in ganz Deutschland bekannten Mann. Die Auseinandersetzung drehte sich um seine Thesen und seine Person. In Rom wurde gegen ihn ein Ketzerprozess angestrengt. Die Jahre 1518 bis 1521 werden die Entscheidungsjahre der Reformation.

Als Luther den Ablass angriff, konzentrierte er sich nicht auf eine Randfrage, sondern setzte sich mit dem damals kirchlich propagierten und weit verbreiteten Heilsweg auseinander. Theologisch nicht gebildeten Gläubigen galt der Ablass noch vor allen Sakramenten und frommen Übungen als das zentrale Heilsmittel.

Der ältere Mitbruder Luthers und Begleiter Peraudis auf dessen frühen Ablasskampagnen, Johannes von Paltz, sorgte sich wie später Luther und wie viele Theologen der damaligen Zeit, um die Überwindung der eigenen Angst und die Sicherung des Heils. Für ihn, wie auch für die meisten Menschen der Zeit lag sie im Gebrauch der von der Kirche angebotenen Heilsmittel und eben der Ablässe. Luther fand die Überwindung der Furcht und die Sicherheit des Heils allein im Glauben an Gottes Zusage in seinem Wort, das den Menschen als gepredigtes Wort innerhalb der Kirche trifft. Luther verinnerlichte, personalisierte und spiritualisierte das Heilsgeschehen, während bisher das Schwergewicht auf Institution, Recht und Autorität lag. Dieses alte System wurde hinfällig, wenn ihm durch die Überwindung der Furcht vor der Sündenstrafe die Grundlage entzogen wurde und die Heilssicherheit sich aus dem Glauben an Gottes Wort in der Schrift herleitete. Hier lag eine der Ursachen für die ungeheure Wirkung von Luthers Thesen, aber auch ein theologischer Grund, der eine Verständigung zumindest in damaliger Zeit kaum möglich machte, weil er eine völlige Systemerneuerung vorausgesetzt hätte.

2.3 Widerstand und Prozess gegen Luther

Einleitung des Ketzerprozesses

Nach Luthers eigener Einschätzung standen seine Stellungnahmen gegen den Ablass, auch seine 95 Thesen, eher am Rande seines eigentlichen Wirkens. Vielmehr war er mit der Universitätsreform in Wittenberg beschäftigt. Hier ging es um nichts anderes als um die Grundlegung einer neuen Theologie. Die alte scholastische Lehrmethode sollte abgelöst werden von einer Lehre, die ganz auf der Bibel fußte und von ihr ausging. Aber nicht aufgrund dieser Luther eigentlich bewegenden Frage kam es zum Konflikt mit der offiziellen Kirche, sondern aufgrund der Ablassthesen, denn immerhin war der Papst ja der Urheber des Petersablasses gewesen.

Der Brief Luthers mit den 95 Thesen vom 31. Oktober 1517 gelangte zunächst an die Magdeburger Hofräte Albrechts, die ebenso wie die Theologen der Mainzer Universität empfahlen, die Angelegenheit der römischen Kurie vorzulegen, da die Ablassfrage in erster Linie eine Sache des Papsttums sei. Albrecht sah in diesem Schritt auch eine Art Selbstrechtfertigung, da er aus Rom zuvor wegen des schleppenden Eingangs der Ablassgelder ermahnt worden war. In Rom erregte Albrechts Eingabe kein weiteres Aufsehen, man hielt die gesamte Angelegenheit für »Mönchsgezänk«. Weitere Reaktionen seitens Albrechts oder der römischen Kurie erfolgten zunächst nicht.

Anders reagierten die Dominikaner, der Orden Tetzels. Am 20. Januar 1518 disputierte Johannes Tetzel vor einem Ordenskapitel in Frankfurt an der Oder mit 106 Gegenthesen gegen Luthers Ablassthesen. Sie waren von dem Theologen Konrad Koch (um 1460–1531), genannt Wimpina (nach seinem Heimatort Wimpfen), verfasst worden. Das Kapitel der Dominikaner beschloss, Luther in Rom wegen Ketzerei anzuklagen.

Ein Verfahren wegen Verdachts auf Ketzerei wurde gegen Luther im Juni 1518 eröffnet. Einige Indizien deuten darauf hin, dass es im Mai 1518 eine zweite offizielle Anzeige Luthers durch die Dominikaner in Rom gegeben hatte, die zur Eröffnung eines Verfahrens führte. Der päpstliche Hoftheologe, der Magister Sacri Palatii Silvester Mazzolini aus Prierio (1456–1523), daher Prierias genannt, erhielt den Auftrag, ein theologisches Gutachten zu erstellen. Es führte zu dem Ergebnis, den Prozess gegen Luther zu eröffnen mit den Anklagepunkten Verdacht auf Häresie, Geringschätzung der kirchlichen Gewalt und Unerbietigkeit gegen das päpstliche Schlüsselamt. Die Anklageschrift erhielt Luther am 7. August 1518. Er wurde binnen 60 Tagen nach Rom vorgeladen. Zugleich erhielt Luther das von Prierias erstellte Gutachten »Dialog über die Macht des Papstes gegen Luthers Thesen«.

Schon dieser Titel deutet an, dass Prierias weniger die Frage des Ablasses aufgriff, als vielmehr die päpstliche Gewalt in der Kirche behandelte. Eine innere Berechtigung lag darin insofern, als die Ablässe ja vom Papst angeordnet waren. Im Eingangsteil gibt Prierias vier Grundsätze an: Die Kirche hat ihr Haupt und Zentrum im Papst; dieser ist in seinen Aussagen über Glaube und Sitte unfehlbar; wer nicht den Lehren der römischen Kirche und des Papstes als unfehlbarer Glaubensregel, durch die auch die Schrift autorisiert wird, anhängt, ist ein Ketzer; wer über Lehren und Taten der Kirche, die Glauben und Sitte betreffen, schlecht denkt, ist ein Ketzer, weil nämlich die Kirche das Recht hat, solche Festsetzungen zu formulieren. Auf den konkreten Fall angewendet, bedeutet dies, wer gegen die vom Papst angeordnete Ablasspraxis der Kirche vorgeht, ist ein Ketzer.

Durch die Schrift des Prierias wurde Luther mit einem grundsätzlichen Problem konfrontiert, nämlich dem der päpstlichen Gewalt in der Kirche und ihrem Verhältnis zur Lehre der Schrift. Er vermied in seiner Entgegnung eine direkte Auseinandersetzung. Allerdings stellte er eigene Prinzipien auf. Er berief sich auf das Pauluswort: Der Christ prüfe alles und behalte das Gute; Norm ist für den Christen ausschließlich das Evangelium, selbst ein Engel, der hiervon abweiche, solle nach Paulus verflucht sein; sich auf Augustinus berufend weist Luther allein den biblischen Büchern unfehlbare Autorität zu; schließlich beruft Luther sich noch auf einen Satz aus dem Kirchenrecht, der besagt, es dürfe nichts anderes vorgebracht werden, als was in der Schrift steht.

In der gesamten folgenden Auseinandersetzung ging es kaum noch um die von Luther gestellte Frage nach dem Ablass, sondern um die hier von Prierias und Luther aufgestellten gegensätzlichen Positionen, konkret um das Verhältnis von päpstlicher und biblischer Autorität. Grundsätzlich brauchte hier kein Gegensatz vorzuliegen. Luther selbst hat lange darum gerungen, einen Einklang zwischen der Lehre des Evangeliums und der Lehre des Papstes zu finden.

Verhör durch Kardinal Cajetan in Augsburg 1518

Durch Vermittlung seines Freundes Georg Spalatin, eines Rates Friedrich des Weisen, versuchte Martin Luther über seinen Kurfürsten statt der Vorladung nach Rom ein Verhör in Deutschland zu erreichen. Dieses Anliegen sollte gelingen, wenn auch anders als erwartet. Für den Herbst 1518 war ein Reichstag nach Augsburg anberaumt und zu ihm als päpstlicher Legat Thomas de Vio (1469–1534) aus Gaëta, darum Cajetanus genannt, beordert worden. So kam es im Oktober 1518 zu einer Begegnung zwischen Kardinal Cajetan und Martin Luther. Beide waren Vertreter verschiedener theologischer Schulrichtungen. Cajetan, ein intelligenter und persönlich integrer Mann, war ein bedeutender Thomist. Intensiv bereitete er sich auf das Verhör Luthers durch das Studium von dessen

Schriften vor. Beide Theologen verstanden aber einander nicht. Außerdem beabsichtigte Cajetan keine eigentliche Disputation, wie Luther sie erwartet hatte, sondern verlangte von Luther einen Widerruf. Immerhin erreichte Luther ein Gespräch, den geforderten Widerruf leistete er nicht, weil er sich durch den Kardinal nicht widerlegt glaubte. Inhaltlich beanstandete Cajetan vor allem zwei Punkte:

In seiner 58. These hatte Luther bestritten, dass der Kirchenschatz mit den Verdiensten Christi und der Heiligen identisch sei. Dies glaubte Cajetan dadurch widerlegen zu können, dass er sich auf die päpstliche Dekretale »Unigenitus« von 1343 berief. Er verwies also auf die bestehende Rechtslage. Luther wollte nichts gegen päpstliche Gesetze vorbringen, jedoch legte er Wert auf ihre Schriftgemäßheit. Nach längeren Verhandlungen bezeichnete er die Bulle als ein in der Schrift nicht begründetes Papstgesetz. Cajetan behauptete, der Papst könne als oberster Lehrer nicht in einen Glaubensirrtum führen. So kam es in diesem Punkt zu keiner Einigung.

Der zweite Verhandlungspunkt bezog sich auf die Resolution zur 7. Ablassthese, in der Luther behauptet hatte: »dass für jeden, der ein Sakrament begehre, der Glauben notwendig sei«. Cajetan hielt dies für eine neue höchst irrige Lehre, die widerrufen werden müsse. Als scharfsinniger Theologe hatte er erkannt, dass die lutherische Verbindung von Wort *(promissio)* und Glaube *(fides)* ein Angriff auf den Sakramentalismus und das thomistisch-objektivistische Heilsverständnis war. So wurde bei diesem theologischen Gespräch deutlich, dass im Hintergrund der Ablasslehre eine abweichende Deutung der Funktion von Kirche und des Papstamtes stand.

Nach den Auseinandersetzungen mit Prierias und Cajetan erkannte Luther, dass das Kirchenrecht nicht immer mit der Heiligen Schrift übereinstimme. Der Papalismus zeigte sich ihm als eine juristische Theologie, die sich ebenfalls nicht immer auf die Bibel gründen könne. Die Behauptung, der Papst könne nicht irren und stehe über der Schrift, führe zum Untergang der Kirche, weil dann jede Kontrollmöglichkeit entfalle. Nach Wittenberg zurückgekehrt. appellierte er Ende November an das Konzil. Vom Papst erhoffte er keine unparteiische Klärung seiner Angelegenheit mehr. Jedoch war eine solche Appellation durch die Päpste ausdrücklich verboten worden. Luther jedoch bestritt die Berechtigung des Verbots und erhoffte von einem legitimen freien Konzil einen gerechten Entscheid in seiner Sache. Nachdem Luther eine von Cajetan im Auftrag des Papstes neu verfasste – die bisherige Lehre genügte nicht für die gegenwärtige Auseinandersetzung – Ablassbulle gelesen hatte, glaubte er nicht mehr an eine gerechte Entscheidung aus Rom. In Luthers Schriften fehlt von nun an die Erwartung, das Urteil Christi aus dem Mund des Papstes vernehmen zu können.

Kurze Zeit später äußerte er erstmals den Gedanken, in Rom könne der Antichrist regieren. Im Brief vom 13. März 1519 an Georg Spalatin stellt er konkret die Frage »Ob nicht der Papst der Antichrist selbst oder wenigstens sein Sendbote ist, so erbärmlich wird Christus von ihm in den Dekretalen verderbt und gekreuzigt.« Dass die höchste kirchliche Autorität und Gottes Wort in der Schrift auseinanderklaffen könnten, war für Luther ein langwieriger und schmerzhafter Erkenntnisprozess. Wo es aber notwendig wurde, zwischen Gotteswort und Menschenwort (Gesetze, Dekrete u. ä.) zu wählen, wollte er eindeutig auf Seiten Gottes stehen. Von der Antichristkonzeption hat sich Luther später nicht mehr gelöst. Antichristlich ist bei ihm jedoch nicht einfach ein Amt oder eine Institution, sondern letztlich jeder Missbrauch weltlicher Macht zur Unterdrückung vom Gottes Wort. Hierzu berief er sich auf 2 Thess 2,1–12. Wo der Antichrist auftritt, ist die wahre Kirche, denn er sitzt mitten im Tempel Gottes.

Verzögerung des Prozesses

Für den Fortgang der Reformation wurde es entscheidend, dass der römische Prozess gegen Luther ins Stocken geriet. Seit Ende 1518 rechnete man mit dem baldigen Ableben Kaiser Maximilians und der dann nötig werdenden Neuwahl. Maximilian starb am 12. Januar 1519. Es setzte nun ein großes diplomatisches Ringen ein, an dem sich der päpstliche Hof intensiv beteiligte. Karl von Burgund, der Enkel Maximilians, war als Habsburger und als von seinem Großvater Empfohlener der gegebene Kandidat. Die Kurie jedoch wollte seine Wahl verhindern und unterstützte den französischen König Franz I. In der Diplomatie des Papstes spielte der sächsische Kurfürst Friedrich der Weise eine besondere Rolle. Er galt nicht als Parteigänger der Habsburger und konnte möglicherweise für eine Unterstützung des französischen Königs gewonnen werden. Der deutsche König wurde von den Kurfürsten, damals waren es sechs, gewählt.

Als Mitte 1519 die Aussichten für die Wahl Karls von Burgund zum deutschen König günstig waren, bot der Papst Friedrich dem Weisen die Anerkennung seiner eigenen Wahl an, falls er es schaffe, außer seiner eigenen noch zwei weitere Kurstimmen auf sich zu vereinen. Obwohl eine Mehrheit des Kurkollegiums bereit gewesen wäre, Friedrich zu wählen, lehnte dieser ab, wohl wissend, dass er sich aufgrund seiner schwachen sächsischen Hausmacht im Reich nicht hätte durchsetzen können. Er fürchtete, zwischen die Fronten der Habsburger und Franzosen zu geraten. So wurde am 28. Juni 1519 Karl V. einstimmig zum deutschen König und damit zum Anwärter auf die Kaiserkrone gewählt. Beträchtliche Geldzahlungen (552.000 Gulden), die durch eine große Anleihe beim Bankhaus Fugger aufgebracht wurden, spielten bei der Wahl eine wichtige Rolle. Karl war bei seiner Wahl erst 19 Jahre alt. Obwohl man ihn nur schwer als Deutschen bezeichnen konnte, wurde er im Reich lieber gesehen als sein französischer Gegenkandidat. Karl kam erstmals im Sommer 1521 zum Reichstag von Worms ins Reich. Bis dahin sollte die Reformation die entscheidenden Fortschritte machen.

Die Leipziger Disputation (27. Juni bis 16. Juli 1519)

Luther hatte gegenüber dem päpstlichen Kammerjunker Karl von Miltitz, der im diplomatischen Ringen um die Kaiserwahl nach Deutschland entsandt worden war, versprochen, sich vorerst in der Ablassfrage nicht weiter zu äußern, obwohl er durch ständige Angriffe seiner Gegner gereizt wurde. Die Wittenberger Universität stand geschlossen hinter ihm. Auch der junge Philipp Melanchthon (1497–1560), ein Großneffe Reuchlins, der seit Sommer 1518 die neu errichtete Professur für Griechisch in Wittenberg versah, unterstützte ihn und wurde im Lauf der Zeit sein treuester Verbündeter. Melanchthon schuf 1521 die erste lutherische Dogmatik, die *Loci communes*.

Als heftigster Gegner Luthers erwies sich der Ingolstädter Theologieprofessor Johannes Eck. Durch diesen fühlte Luther sich derart herausgefordert, dass er sich im Juli 1519 in Leipzig mit ihm auf eine Disputation einließ. Eck hatte in seinen schriftlichen Angriffen gegen Luther die Frage des päpstlichen Primats in den Mittelpunkt gestellt. In einer für die Leipziger Disputation verfassten Thesenreihe hatte Luther sich hierauf eingelassen. Die These 13 lautete: »Dass die römische Kirche über allen anderen stehe, wird bewiesen aus den eiskalten päpstlichen Dekretalen, die erst in den letzten 400 Jahren aufgekommen sind. Gegen sie spricht die beglaubigte Geschichte von elf Jahrhunderten, der Text der Heiligen Schrift und das Dekret des Konzils von Nicäa, des heiligsten von allen.«

Luther bestritt damit das göttliche Recht des Papsttums, wollte es aber als Gegebenheit des menschlichen Rechts akzeptieren. Der päpstliche Primat müsse sich ständig daran messen, ob er zum Nutzen oder zum Schaden der Kirche ausschlage. Als Eck fragte, ob Luther nicht wisse, dass die Leugnung des päpstlichen Primats zu den Irrtümern des Jan Hus und John Wyclif gehöre, die auf dem Konzil von Konstanz verurteilt worden seien, antwortete Luther, unter den in Konstanz verurteilten Sätzen seien viele grundchristliche und evangelische Sätze gewesen, die die Kirche nicht hätte verurteilen dürfen. Eck erreichte, was er wollte, der Satz, auch Konzilien können irren, musste von Luther als notwendige Konsequenz zugegeben werden. Im Bewusstsein der Zeit war damit die höchste Autorität in der Kirche in Frage gestellt. Prinzipiell allerdings hielt Luther an der Autorität der Kirche fest: »Ich glaube, dass das Konzil und die Kirche in Glaubenssachen niemals irrt. In anderen Fragen ist eine Unfehlbarkeit nicht notwendig«. Dort, wo Papst und Konzil dem Wort Gottes dienen, blieben sie nach Luther höchste Autorität, und in diesem Falle sei ihnen auch zu gehorchen. Noch in dem großen Galaterkommentar von 1532 schrieb Luther: »Wenn wir das erreichten, nämlich dass er anerkennen würde, dass uns allein Gott aus reiner Gnade um Jesu Christi willen rechtfertigt, wollten wir den Papst nicht nur auf Händen tragen, sondern ihm sogar die Füße küssen.«

Von Eck in die Enge getrieben, zog sich Luther in Leipzig auf die Heilige Schrift als einzige Quelle des Glaubens zurück. Darin besteht sein *sola scriptura.* Ein höchstes kirchliches Lehramt, das die Schrift verbindlich auslegt, erkannte Luther nicht mehr an, angesichts der offensichtlichen Widersprüche zwischen der Schrift und dem Verhalten sowie verschiedenen Aussagen des Lehramts. Luther ging davon aus, dass die Schrift sich letztlich selbst erkläre. Dennoch ist er in späteren Jahren davon überzeugt, dass es so etwas wie ein »Lehramt« geben müsse, jedoch nicht als verbindliche Autorität über der Schrift. Als Dienerin der Schrift könne eine solche Autorität aber sinnvoll und sogar notwendig sein. So waren bis Mitte 1519 entscheidende Weichen gestellt.

Die Bannandrohung

Während der Leipziger Disputation war in Frankfurt am 28. Juni 1519 die Kaiserwahl zum Abschluss gekommen. Die Kurie brauchte nun auf den sächsischen Kurfürsten, den Landesherrn Luthers, keine weitere Rücksicht zu nehmen. Der Prozess kam im Frühjahr 1520 wieder in Gang. In Rom bearbeiteten mehrere Kommissionen die Lutherfrage. Sie stützten sich auf zwei Gutachten der Universitäten Köln und Löwen, in denen die Lehren Luthers verworfen worden waren. Das Ergebnis verschiedener Beratungen führte am 15. Juni 1520 zur Bannandrohungsbulle *Exsurge Domine.*

Trotz aller Kommissionen, Gutachten und Anstrengungen war der Text der Bulle äußerst dürftig. In ihr werden 41 Sätze aus Luthers Schriften als ketzerisch verdammt. Luther wird aufgefordert, binnen 60 Tagen seine Irrtümer zu widerrufen. Der auffallendste Mangel der Bulle besteht darin, dass die Sätze pauschal als »häretisch, Ärgernis erregend, irrig, als für fromme Ohren anstößig, für einfache Gemüter verführerisch und der katholischen Lehre widersprechend« bezeichnet werden, ohne dass jeweils angegeben ist, zu welcher Kategorie sie gehören. Damit war die Verurteilung von vornherein um ihre Wirkung gebracht.

Diese Bulle blieb die einzige Äußerung des Lehramtes zu Luther selbst. Später in Trient wurde Luther nicht namentlich verurteilt. Es wurden nur bestimmte Meinungen verworfen, von denen man annahm, dass sie lutherisch seien. Im Sinn der Dogmenhermeneutik ist heute zu prüfen, ob in den verurteilten Sätzen wirklich Luther oder andere Reformatoren getroffen sind. Man kann nachweisen, dass ersteres sehr häufig nicht der Fall ist.

Bevor die Bulle in Deutschland bekannt wurde, war sie durch neue Schriften Luthers eigentlich schon überholt. Mehr und mehr drängte sich Luther im Jahr 1520 die Überzeugung auf, dass die Macht des römischen Stuhls auf die Fesselung der Gewissen abziele. Rom sei das Babel, das große Tier, von dem die Apokalypse spreche. Er sah die Freiheit der Evangeliumsverkündigung in Gefahr. Dies war für ihn der Anlass zu den drei großen Programmschriften des Jahres 1520. Obwohl diese Programmschriften zu den schärfsten Aussagen Luthers überhaupt gehören, hatten sie auf seine endgültige Verurteilung keinen Einfluss mehr. (Zu ihrem Inhalt siehe unten.)

Bannung und Ächtung Luthers

Mit der Verkündigung der Bannandrohungsbulle *Exsurge Domine* waren im Reich der päpstliche Nuntius Hieronymus Aleander und Johannes Eck betraut. Viele Städte, vor allem in Süddeutschland, weigerten sich, dass die Bulle bei ihnen publiziert wurde. Auch die Bischöfe zeigten sich uninteressiert. Am 3. Oktober 1520 wurde die Bulle der Universität Wittenberg übersandt. Bereits in Kenntnis dieser Bulle ließ sich Martin Luther am 12. Oktober durch Karl von Miltitz in Lichtenburg überreden, eine Ergebenheitsadresse an Papst Leo X. zu schreiben. Es ist dies der berühmte Sendbrief an Leo X., dem die Schrift *Von der Freiheit eines Christenmenschen* (1520) beigefügt ist, in der er völlig unpolemisch und mit großer Überzeugungskraft seine Rechtfertigungslehre darstellt. Als Luther 1517 an die Öffentlichkeit getreten war, war er, wie er selbst sagt, »Papist«. Der Sendbrief ist zu beurteilen als ein verzweifelter letzter Versuch, doch noch eine Übereinstimmung zwischen Evangelium und dem Amt zu entdecken, das von sich behauptete, Verteidiger des Evangeliums zu sein.

In einigen Städten wurde die Bannandrohungsbulle positiv aufgenommen. In Löwen, Lüttich und Köln kam es zur Verbrennung von Lutherschriften. Als Luther davon hörte, entschloss er sich zu einer Gegenaktion. Am Morgen des 10. Dezember 1520 ließ er vor dem Elstertor in Wittenberg in Anwesenheit seiner Studenten ein Druckexemplar der Bannandrohungsbulle verbrennen. Dazu wurde ein Exemplar des kanonischen Rechtes dem Feuer übergeben. Den Schritt erklärte Luther in seiner Schrift *Warum des Papstes und seiner Jünger Bücher verbrannt sind* und machte ihn damit weithin bekannt. Luther verstand diesen Akt als öffentliche Distanzierung von der Sache des Antichristen und Parteinahme für die Sache Christi. Er sah sich in den endzeitlichen Kampf zwischen Christus und dem Antichristen hineingestellt. Hier gewinnt er seine Kategorien für den weiteren Kampf gegen das Papsttum. Aus dieser Vorstellung hat er sich später allerdings auch nicht mehr lösen können.

Der Bruch mit Rom war nun unvermeidlich. Von der päpstlichen Kurie erfolgte er, da der Widerruf Luthers nicht erging, nahezu automatisch in der Bannbulle: *Decet Romanum Pontificem* vom 3. Januar 1521. Nach mittelalterlichem Recht hätte ein von der Kirche Gebannter nun unmittelbar durch den weltlichen Arm geächtet und bestraft werden müssen, d. h. der weltliche Arm hätte das Urteil vollstrecken müssen. Dazu kam es nicht. Hierzu lassen sich folgenden Gründe anführen: Luther war mittlerweile ein so bekannter Mann und er sprach den Menschen so sehr aus dem Herzen, dass man ihn nicht einfach aburteilen konnte. Karl V. hatte in seiner Wahlkapitulation den deutschen Fürsten zusichern müssen, dass kein Deutscher ohne vorheriges Verhör verurteilt werden dürfe. Sein Landesherr Friedrich der Weise schützte Luther. Einerseits war er ein gerechtigkeitsliebender Mann und glaubte Luther nicht überführt, andererseits war Luther der bekannteste und bedeutendste Professor seiner jungen Universität Wittenberg.

Vor allem dem Einschreiten Friedrichs des Weisen ist es zu verdanken, dass Kaiser Karl V. Luther zum Verhör vor den Reichstag in Worms unter Zusicherung freien Geleits einlud. Der Kaiser allerdings dachte nicht an Verhandlungen, sondern er wollte ihm lediglich eine neue Gelegenheit zum Widerruf geben. So kam es am 18. April 1521 zu Luthers denkwürdiger Rede in Worms:

»Wenn ich nicht widerlegt werde durch Schriftstellen oder einleuchtende Vernunftgründe, denn ich glaube weder Papst noch Konzilien, da es feststeht, dass sie öfters geirrt haben, so bin ich durch die von mir angeführten Schriftstellen und mein in Gottes Wort gefangenes Gewissen besiegt. Widerrufen kann und will ich nicht, denn wider das Gewissen etwas zu tun, ist weder sicher noch heilsam. Gott helfe mir. Amen«.

Die Rede war lateinisch, den Schlusssatz sprach er deutsch, es war sein üblicher Predigtschluss. Die Version: »Ich kann nicht anders, hier stehe ich, Gott helfe mir, Amen.« taucht zwar bereits in zwei Drucken aus dem Jahr 1521 auf und ist auch in dem nach Luthers Tod erschienenen zweiten Band der Wittenberger Ausgabe seiner Schriften enthalten, dennoch hat Luther diese Worte in Worms wohl so nicht gesprochen.

Auf dem Reichstag erklärte der junge Kaiser am nächsten Tag den Ständen, er sei ein treuer Sohn der katholischen Kirche, in deren Glauben er erzogen sei. Wie seine Vorväter, so gedenke er jede Ketzerei auszurotten: »Es ist sicher, dass ein einzelner Bruder irrt, wenn er gegen die Meinung der ganzen Christenheit steht, da sonst die Christenheit 1000 Jahre oder mehr geirrt haben müsste.« Für den Kaiser war die Sache erledigt. Luther war für ihn ein Ketzer. Der Kaiser war bereit, das gewährte freie Geleit zu respektieren, dann aber sollte er die Macht des weltlichen Armes spüren. Am 26. April verließ Luther Worms. Im Thüringer Wald bei Altenstein wurde sein Wagen überfallen. Hier handelte es sich um eine wohlvorbereitete und mit Luther abgesprochene Szene. Luther sollte dem öffentlichen Streit und der Reichsgewalt entzogen werden. Der Sekretär des sächsischen Kurfürsten und Freund Luthers, Georg Spalatin, und einige sächsische Edelleute wussten um die Sache, möglicherweise auch der sächsische Kurfürst selbst. Luther wurde in aller Heimlichkeit auf die Wartburg gebracht. Hier hielt er sich versteckt, bis er durch Bart und Haarwuchs äußerlich verändert als Junker Jörg in Erscheinung trat.

Gegen Ende des Reichstags unterschrieb der Kaiser das Wormser Edikt, das auf den 8. Mai datiert war. Darin wurde über Luther die Reichsacht ausgesprochen. Er wurde als verstockter Ketzer und Zerstörer der Kirche bezeichnet, den niemand in sein Haus aufnehmen, mit Speise oder Trank versorgen, mit Worten oder Werken öffentlich oder heimlich unterstützen dürfe. Vielmehr solle ihn jeder, der ihn finde, gefangen nehmen und dem Kaiser ausliefern. Seine Bücher wurden verboten und sollten verbrannt werden.

Unter normalen Verhältnissen wäre Luther verloren gewesen, aber die politische Lage war verworren. Ein Krieg zwischen Karl V. und Franz I. um Mailand stand bevor. Der Kaiser verließ das Reich für über zehn Jahre und überließ die Regierungsgewalt im Reich und auch die Durchführung des Wormser Edikts einem Reichsregiment, das aus deutschen Fürsten bestand. Diese standen teils auf Seiten Luthers, teils waren sie an der Sache uninteressiert. Die politische Entwicklung der nächsten zehn Jahre begünstigte die Reformation. Sie schlug solche Wurzeln, dass sie nicht mehr überwindbar war.

Die Weigerung Friedrichs des Weisen, Luther auszuliefern, führte zu einer Machtprobe zwischen ihm als dem obersten Kirchenherrn in Sachsen und der römischen Zentralgewalt. In diesem Sinn stellt sich der Ausgang der Reformation als eine Oboedienzkrise dar. Da Kursachsen trotz verschiedener Mahnungen durch Leo X. und trotz der Bannung Luthers bei seiner Haltung blieb, hatte sich die Luthersache zu einer offiziellen Gehorsamsaufkündigung Kursachsens gegenüber

Rom entwickelt. Dies war ein revolutionärer Akt. Die uneingeschränkte Autorität des Papsttums in Lehr- und Glaubensfragen war damit bestritten.

Luther selbst lebte nach dem Wormser Reichstag zunächst auf der Wartburg und übersetzte hier das Neue Testament ins Deutsche. In den folgenden Jahren hat er noch wesentliche reformatorische Schriften verfasst, jedoch tritt er als Person allmählich in den Hintergrund. Die Reformation wird immer mehr zu einer politischen Angelegenheit, zunächst der Adeligen, der Städte, dann der Bauern, vor allem im Bauernkrieg, schließlich aber der Landesfürsten. Die Theologie Luthers blieb in all den Jahren erstaunlich konstant. In den Jahren 1518 bis 1521 entwickelt er seine eigene Theologie. Diese Schriften sind teilweise in scharfer Sprache formuliert. Später wird Luther ruhiger und in seiner Haltung, wenn man so will, altkirchlicher. Die wesentlichen Punkte der Rechtfertigungslehre behält er bei und von hier aus entwickelt er ein insgesamt neues Konzept der Theologie.

3 Die Schriften von 1520: Zu Luthers Theologie

Nachdem Luther durch seine Thesen bekannt geworden war, musste er sich mit immer neuen theologischen Themen auseinander setzen. Am bekanntesten und auch in der Nachwirkung am bedeutendsten sind die drei so genannten Programmschriften Luthers aus dem Jahr 1520, denen wir uns nun in den drei folgenden Abschnitten zuwenden wollen.

3.1 An den christlichen Adel (Priestertum aller Gläubigen)

Die Schrift »An den christlichen Adel deutscher Nation. Von des christlichen Standes Besserung« nannte Luther einen gewaltigen Trompetenruf gegen die Tyrannei des römischen Endchristen. Sie war eine bewusste Kampfansage und hatte eine Besserung der schlimmen Zustände in der Christenheit zum Ziel. Wenn die römische Kurie sich dem wahren Evangelium versagte und nicht bereit war, eine Besserung der verheerenden Zustände in der Christenheit herbeizuführen, dann mussten die Laien selbst und vor allem die Stände des Reiches die Sache der Christenheit in die Hand nehmen.

Die Adelsschrift erschien Mitte August 1520 in Wittenberg. Innerhalb weniger Tage waren über 4000 Exemplare verkauft. Der eigentliche Text besteht aus zwei Teilen, einem kürzeren theologischen Teil und einem längeren praktischen Teil, in dem Luther in 26 Punkten beachtliche Vorschläge zur Reform der Kirche und der weltlichen Gesellschaft macht. In der zweiten Auflage ist nach dem 25. Punkt ein neuer Abschnitt eingefügt, der sich gegen die römische Idee der *Translatio imperii* wendet. Luther hatte inzwischen eine Schrift Ulrich Huttens kennen gelernt, in der dieser den Nachweis Lorenzo Vallas von der Fälschung der »Konstantinischen Schenkung«, die für den Nachweis der weltlichen Macht des Papstes herangezogen wurde, auf deutsch publiziert hatte.

Die Reformvorschläge Luthers sind beachtenswert. Er wendet sich gegen die weltliche Prachtentfaltung des Papstes und der Kurie und gegen die finanzielle Aussaugung der deutschen Nation durch Rom. Mit diesem und weiteren Punkten griff er geschickt die so genannten »Gravamina der deutschen Nation« auf, also die Klagen, die von deutschen Fürsten seit über 50 Jahren auf allen Reichstagen vorgebracht worden waren. Luther machte Vorschläge für die konkrete Organisation der Kirche: Ein gewählter Bischof soll – wie in der frühen Kirche – von seinen Nachbarbischöfen und nicht von Rom bestätigt werden; abgeschafft werden sollen der päpstliche Fußkuss, die Wallfahrten nach Rom, das Bettelmönchtum, der Zölibat für Priester (Pfarrgeistliche). Die Klöster sollen wieder christliche Schulen; die kirchliche Gesetzgebung soll überdacht und stark eingeschränkt werden; vermieden werden sollen missbräuchliche Anwendung von Exkommunikationen, Interdikt, Ehegesetzen, Fastgeboten, Dispensen, Privilegien u. a.; die Feiertage sollen reduziert werden; die Bettelei soll eingestellt werden und jede Stadt für ihre armen Mitbürger sorgen; Ketzerei soll man nicht durch Feuer überwinden, sondern durch den Geist, d. h. durch Diskussion und freies Wort; für Mädchen sollen Schulen eingerichtet werden.

Trotz dieser wichtigen Reformvorschläge Luthers ist die Adelsschrift bedeutsam vor allem wegen ihres ersten theologischen Teils. Die von Luther vorgeschlagenen Reformen sollen nach seiner Meinung von den Laien, d. h. konkret von der Obrigkeit, und genauer, vom Adel durchgeführt werden. Hier wird seine enge Bindung an die bestehenden gesellschaftlichen

Verhältnisse spürbar. Nach Luthers Ansicht waren es die »Romanisten«, d. h. die Anhänger des Papsttums, die bisher jede Reform der Kirche verhindert haben. Rom sei wie der höllische Tartarus von einer dreifachen Mauer umgeben:

»Die Romanisten haben mit großer Behändigkeit *drei Mauern* um sich gezogen, womit sie sich bisher geschützt haben, sodass niemand sie hat reformieren können, wodurch die ganze Christenheit gräulich gefallen ist. Zum ersten, wenn man mit weltlicher Gewalt auf sie eingedrungen ist, haben sie festgesetzt und gesagt, weltliche Gewalt habe kein Recht über sie, sondern umgekehrt, die geistliche sei über die weltliche. Zum zweiten, hat man sie mit der Heiligen Schrift tadeln wollen, setzten sie dagegen, es gebühre niemand, die Schrift auszulegen als dem Papst. Zum dritten, droht man ihnen mit einem Konzil, so erdichten sie, es könne niemand ein Konzil berufen als der Papst. So haben sie uns drei Ruten heimlich gestohlen, dass sie ungestraft sein können und sich in die sichere Befestigung dieser Mauern gesetzt, alle Büberei und Bosheit treiben, die wir jetzt sehen.« (WA 6,406)

Im theologischen Teil seiner Schrift geht Luther nun daran, nacheinander diese drei Mauern zu brechen. Kernstück seiner Argumentation ist die Entwicklung der Lehre vom Priestertum aller Gläubigen, die von ihm im Neuen Testament wiederentdeckt worden war. Durch die Taufe sind »alle Christen wahrhaft geistlichen Standes und ist unter ihnen kein Unterschied als des Amtes allein« (WA 6,407,13). Dies ist wohl der zentrale Satz. Nach Luther können äußere Weihen, priesterliche Kleidung und ähnliches wohl einen »Ölgötzen« machen, aber niemals einen Christen oder geistlichen Menschen. Durch die Weihe komme es nicht zu einem Standesunterschied zwischen Priestern und Laien. Er wendet er sich gegen die im Mittelalter ausgebildete Anschauung, dass der geistliche Stand über dem weltlichen stehe. Vor Gott sind alle Christen gleich. Allerdings sind nicht alle Christen befugt, ein Amt auszuüben. Es gibt keinen Unterschied als den des Amtes, d. h. um den Dienst des Amtes an anderen Christen ausüben zu können, bedarf es einer besonderen Berufung durch die Gemeinde bzw. durch die Kirche. Dies hält Luther auch in der Adelsschrift fest, die sein schärfster Angriff auf das besondere priesterliche Amt ist.

Die Auffassung vom Amt, die hier zum Ausdruck kommt, hat Luther immer beibehalten, wenn auch die Besonderheit des Amtes in späteren Schriften bei ihm wieder deutlicher hervortritt. Hier nur soviel: zur Ausübung des Amtes bedarf es der rechtmäßigen Berufung durch die Gemeinde oder ihre Vertreter, die Bischöfe. Ein einmal Berufener ist, wenn er sein Amt nicht mehr ausübt oder nicht mehr ausüben darf, nichts anderes als die anderen Christen. Wird er jedoch erneut in das Amt eingeführt, braucht er nicht wiederum ordiniert zu werden. Damit ist die Reordination abgelehnt und der Kern der Aussage vom in der Weihe mitgeteilten *character indelebilis* bleibt gewahrt. Die Eucharistie kann nach Luthers Auffassung nur von einem rechtmäßig ordinierten Amtsträger ausgeübt werden, weil es hier um eine öffentliche Aufgabe in der Kirche gehe. Der Amtsträger hat keine besondere Gewalt und keine besondere Macht, sondern er ist beauftragt, einen Dienst im Namen Christi an der Gemeinde zu versehen. Auch wenn er – was im nur Notfall möglich ist – von der Gemeinde berufen wird, ist er nicht deren Funktionär, sondern er steht im Auftrag Christi der Gemeinde gegenüber. Das Amt ist für die Christen und für die christlichen Gemeinden so notwendig, dass niemals darauf verzichtet werden kann. Wenn es keine ordnungsgemäße Sukzession gibt, weil die Bischöfe sich weigern, die evangelischen Amtsträger zu weihen, dann fällt wegen der Notwendigkeit des Amtes das Recht zur Ordination an die Gemeinde zurück. Wichtiger als die Sukzession im äußeren Zeichen der Handauflegung ist die Sukzession in der Wahrheit der apostolischen Lehre.

3.2 Von der babylonischen Gefangenschaft der Kirche (Sakramentenlehre)

Die Schrift »Von der babylonischen Gefangenschaft der Kirche« erschien am 6. Oktober 1520. In ihr setzt sich Luther mit der Sakramentenlehre der Kirche auseinander. Es geht um das Zentrum der damaligen Frömmigkeit. Da es sich um eine theologische Abhandlung handelt, ist die Schrift lateinisch abgefasst: *De captivitate Babylonica ecclesiae praeludium Martini Lutheri.*

Einzelne Elemente der Schrift, vor allem zum Sakrament der Eucharistie, finden sich bereits in früheren Schriften. Der erste Anlass, zu diesen Fragen Stellung zu nehmen, war gegeben, als der Leipziger Franziskaner Augustin von Alveldt die Verweigerung des Laienkelchs aus der Heiligen Schrift zu begründen versuchte. Diesen Schriftbeweis konnte Luther leicht überwinden. Am scholastischen Sakramentsbegriff hält er fest: ein Sakrament muss von Christus selbst eingesetzt sein, zu dem die Gnade bezeichnenden Wort muss ein äußeres Zeichen hinzutreten. Aufgrund dieser Kriterien kann Luther in der Schrift die Siebenzahl der Sakramente nicht finden. Nach ihm bleiben nur Taufe, Eucharistie und eventuell die Buße übrig. Nach strengem biblischen Sprachgebrauch, meint Luther, gäbe es nur ein Sakrament, nämlich Christus selbst. Die drei Sakramente sind sakramentale Zeichen für Christus (WA 6,501,33).

Im Lauf der Kirchengeschichte stritt man mehrfach um die Zahl der Sakramente. Zum ersten Mal ist in einem kirchenoffiziellen Dokument von der Siebenzahl die Rede in dem Dekret für die Armenier, das vom Konzil von Florenz 1437 verabschiedet worden ist. Endgültig definiert wurde die Siebenzahl erst vom Konzil von Trient, also nach der Zeit Luthers. Bei der Reduzierung der Sakramentenzahl ist zu beachten, dass es auch nach katholischer Auffassung eine Hierarchie der Sakramente gibt. In späteren Jahren ist es für Luther zweifelhaft, ob die Buße ein Sakrament ist, und zwar weil in der Schrift kein äußeres Zeichen überliefert worden ist. Die übrigen Sakramente will Luther als frommen Brauch oder als Sakramentalien gelten lassen.

Entscheidender als die Reduzierung der Zahl ist aber eine neue Sicht Luthers. Er wendet auf die Sakramente die für ihn wichtige Beziehung von *promissio* und *fides* an. Das Heil wird uns von Gott zugesagt in seinem Wort. Wir ergreifen es im Glauben. Es gibt keine Mittel, sich des Heils zu bemächtigen, und in diesem Sinn können die Sakramente keinen Zugriff auf die Gnade darstellen. Entscheidend ist beim Sakrament daher auch nicht das äußere Zeichen, sondern das Verheißungswort. Entsprechend ist auf Seiten des Empfängers der Glaube notwendig. Die Wirkung des Sakramentes gründet also in der Zusage Gottes, die der Mensch im Glauben annimmt.

Nach seinen allgemeinen Ausführungen über die Sakramente wendet sich Luther jedem einzelnen der herkömmlichen sieben Sakramente zu. Er prüft sie an der Schrift nach den oben genannten Kriterien. Luther beginnt mit dem Altarsakrament. Das Sakrament der Eucharistie sei von den Romanisten in eine dreifache Gefangenschaft geführt worden, sagt Luther: Das erste Gefängnis ist die Verweigerung des Kelches für die Laien. Das zweite Gefängnis ist die Verpflichtung auf die Transsubstantiationslehre. Das dritte Gefängnis ist das Verständnis der Messe als Opfer.

Luther bestreitet nicht, dass man auch unter einer Gestalt gültig und würdig kommunizieren kann. Jedoch ist die Vorenthaltung des Kelchs für die Laien in der Schrift nicht begründet und deshalb eine römische Tyrannei. Luther kämpft hier für die Freiheit des Evangeliums und für die Freiheit des Christen, selbst zu entscheiden, ob er unter beiden Gestalten oder nur unter einer kommunizieren will.

Die Transsubstantiationslehre hält Luther für eine philosophische Spekulation. Sie berge viele theologische und philosophische Schwierigkeiten in sich. Ob Luther bei der Darlegung der Transsubstantiationslehre ihr Wesen genau getroffen hat, mag man bezweifeln. Worum es ihm geht, ist auch hier wiederum die Wahrung der evangelischen Freiheit. Die Realpräsenz wird von Luther nicht in Frage gestellt. Aber es gehe nicht an, dass der Mensch von sich aus versuche, hinter die Geheimnisse Gottes zu kommen und das ›Wie‹ zu erklären versucht. Die Transsubstantiationslehre wolle dieses Geheimnis lüften. Als Meinung möge diese Auffassung hingehen, nicht aber als verpflichtende Lehre für alle.

Die dritte Gefangenschaft des Sakraments sei das Verständnis der Messe als Opfer. Die Messe sei das Vermächtnis der Erlösungstat Jesu Christi, also ein Geschenk Gottes an uns. Wenn man sie ein Opfer nenne, mache man daraus ein Werk, das der Mensch Gott darbringe. Das Abendmahl ist von Gott auf uns hin ausgerichtet, die Messe ist Testament, d. h. Vermächtnis Christi, Leib und Blut sind Zeichen, die das Wort bestätigen. Den Opfercharakter der Messe verwirft Luther, weil er glaubt, nur so die Einzigartigkeit und Vollgenügsamkeit des Kreuzesopfers Christi wahren zu können.

Die Frage nach dem Opfercharakter der Messe war damals ungeklärt. Auch das Konzil von Trient brachte keine überzeugende Lösung. Heute heißt es, die Messe ist Repräsentation des einen Opfers Christi und nur insofern kann sie auch selbst als Opfer bezeichnet werden. Vor allem ist sie Eucharistie, d. h. Danksagung für dieses Opfer Jesu Christi.

Die Taufe ist für Luther Fundament aller Sakramente. Der Täufer handelt in Gottes Namen und ist nur dessen Werkzeug. Im Taufwasser liegt keine geheime Kraft. Die Taufe ist das Sakrament der Rechtfertigung, aber nicht das Sakrament als solches, sondern der Glaube an das Sakrament rechtfertigt.

Die Buße ruht auf göttlicher Verheißung, aber es fehlt ihr das äußere Zeichen. Darum ist sie nach Luther kein Sakrament im eigentlichen Sinn. Allerdings kommt es nach Luther hierauf nicht an, sondern auf die Sache. Bei der Buße liegt alles an der göttlichen Barmherzigkeit und am Glauben des Menschen. Es geht nicht um eine menschliche Leistung wie Zerknirschung. Die Privat- bzw. Ohrenbeichte ist für Luther ein gutes Mittel, allerdings soll daraus keine Tyrannei des Gewissens gemacht werden. Beichten kann man auch beim christlichen Bruder, es bedarf nicht dazu unbedingt des Priesters. Die übrigen vier Zeichen kann man nach Luther beibehalten, aber nicht als Sakramente, weil die Einsetzung durch Christus, das göttliche Verheißungswort oder das äußere Zeichen fehlt.

Die Schrift »Von der babylonischen Gefangenschaft der Kirche« brachte eine Scheidung der Geister. Nicht wenige Anhänger Luthers wandten sich von ihm ab, so auch sein bisheriger Protektor im Augustinerorden Johann von Staupitz. Er ging nach Salzburg und wurde Abt des dortigen Benediktinerklosters St. Peter. Herzog Georg V. von Sachsen verbot die Schrift in seinen Landen. König Heinrich VIII. von England (1491–1547) verfasste eine Gegenschrift: *Assertio septem Sacramentorum.* Für diese Schrift erhielt er vom Papst den Ehrentitel *Defensor fidei.* Die englischen Könige und Königinnen führen diesen Titel trotz der späteren Trennung der englischen Kirche von Rom noch heute. Auch Erasmus von Rotterdam, der Luthers Wirken bisher wohlwollend begleitet hatte, hielt nun den Bruch mit der Kirche für unüberwindbar.

3.3 Vom Papsttum zu Rom ... (Ekklesiologie)

Luther hat sich verschiedentlich zu Fragen des Kirchenverständnisses geäußert. Eine frühe Darstellung seiner Auffassung findet sich in der im Juni 1520 fertiggestellten Schrift »Vom Papsttum zu Rom wider den hochberühmten Romanisten zu Leipzig«. Die Schrift richtet sich gegen den Leipziger Franzis-

Der hl. Bonifatius

Seine Bedeutung für die Grundlegung des Abendlandes

Anlässlich seines 1250. Todestages

Prof. Dr. Rolf Decot, Mainz

In Angelsachsen, in der Grafschaft Wessex, im Bereich des Klosters Exeter zwischen 672 und 675 geboren, auf den Namen Winfried getauft, lebte er bis 716 im Kloster Nursling. Über vierzig Jahre alt verließ Winfried seine Heimat, um die Friesen zu missionieren. Nach einem ersten vergeblichen Versuch brach er 718 erneut auf und begab sich zunächst auf den Weg der Pilgerschaft nach Rom. Vom Papst wurde er am 15. Mai 719 mit der Heidenmission betraut und erhielt den Namen des Märtyrers Bonifatius. Sein erstes Missionsgebiet war die Gegend von Utrecht. Dann wählte Bonifatius die Stammesgebiete der Chatten (Hessen) und Thüringer als zu missionierende Landstriche aus. 721 erkor er sich Amöneburg zu seinem ersten selbstständigen Wirkungsort, wo er eine kleine Mönchsgemeinschaft ansiedelte. In der Gegend von Fritzlar stand die Donareiche, das Stammesheiligtum im Zentrum des Chattengaus, an ihr demonstrierte er die Macht seiner Botschaft, indem er sie schadlos fällte. Auf seiner dritten Romreise wurde Bonifatius 725 von Papst Gregor II. zum Missionsbischof ohne festen Bischofssitz geweiht. 732 wurde er zum Erzbischof ernannt, damit bekam er das Recht zugesprochen, Bischöfe zu weihen und Bistümer zu errichten, eine wichtige Voraussetzung für den Ausbau seines Werkes. Winfried Bonifatius suchte den im christlichen Glauben noch nicht gefestigten oder noch nicht getauften Germanen die Botschaft des Evangeliums Jesu Christi zu bringen. Im Auftrag des Papstes ordnete er die bayerischen Diözesen und gründete im hessisch-thüringisch-fränkischen Raum neue Bistümer. Auf Synoden gab er entscheidende Impulse zur geistlichen Erneuerung und Reformation der Kirche des Frankenreiches. Heute wird er nicht nur „als Apostel der Deutschen“ verehrt, sondern auch als „ein Brückenbauer des christlichen Europas“ apostrophiert. Inwiefern kann davon gesprochen werden, dass Bonifatius entscheidende Grundlagen für das christliche Abendland bereitet hat, ja dass er zu einem der Mitbegründer des Abendlandes geworden ist?

Der Referent ist Mitarbeiter am Institut für Europäische Geschichte Abt. Abendländische Religionsgeschichte in Mainz und Professor für Kirchengeschichte an der Phil.-Theol. Hochschule der Redemptoristen in Hennef

Teilnahmebeitrag: 3,00 €

Donnerstag, 22. April, 19.30 Uhr

Veranstaltungsort:

Kath. Bildungszentrum NR 30,
Nieder-Ramstädter Str. 30
64283 Darmstadt

Tel. 06151 / 2 09 63
Fax 06151 / 29 64 12
kath.bildungszentrum-darmstadt@t-online.de

Veranstaltungsort:

Katholisches Bildungszentrum NR 30
Nieder-Ramstädter Str. 30
64283 Darmstadt

Tel. 06151 / 2 09 63
Fax 06151 / 29 24 12

kath.bildungszentrum-darmstadt@t-online.de

kaner Augustin von Alveldt, der im Frühjahr des gleichen Jahres ein größeres Werk über die Schriftgemäßheit des Papstamtes herausgebracht hatte, um damit gegen Luthers während der Leipziger Disputation vorgebrachten Thesen Stellung zu nehmen. Obwohl es in Luthers Antwort – wie bei Alveldt – vor allem um das Papstamt geht, finden sich dort wichtige Aussagen zu seiner Auffassung von der Kirche.

Über die Rechte göttlicher Ordnung der Kirche kann man nach Luther nur aufgrund der Schrift ein angemessenes Verständnis gewinnen. Der Glaube ist das entscheidende Kriterium. Daher nimmt Luther seinen Ausgang beim apostolischen Glaubensbekenntnis: Ich glaube an den Heiligen Geist, die Gemeinschaft der Heiligen. Hierunter versteht Luther die Versammlung all derer, die im rechten Glauben, in der rechten Hoffnung und in der rechten Liebe leben. Sie sind die Christenheit. Es geht zunächst nicht um eine leibliche Versammlung, sondern um eine Versammlung der Herzen in einem Glauben. Im apostolischen Glaubensbekenntnis ist für Luther der Ausdruck *sanctorum communio* eine definitorische Entfaltung der *una, sancta, catholica et apostolica ecclesia*. Er verwendet anstelle des Begriffes »Kirche«, der ihm wegen seiner Mehrdeutigkeit nicht recht behagt, lieber den Begriff *communio sanctorum* oder auch *congregatio sanctorum*. Die Christenheit ist für ihn eine Gemeinde oder eine Versammlung der an Christus Glaubenden, die Gemeinschaft der Heiligen.

Sachlich ist für Luther die Christenheit auch eine äußere sichtbare Gemeinschaft der Gläubigen. Ihre Besonderheit aber ist es, dass sie gekennzeichnet ist durch den Geist. Erst von dieser geistlichen, durch den Heiligen Geist geschaffenen Einheit kann die Christenheit als Gemeinde der Heiligen bezeichnet werden. Die äußere Einheitlichkeit, die durch Ort, Zeit, Personen und Werke gegeben ist, ist demgegenüber sekundär. Die Kirche kann nicht an bestimmte Orte, so auch nicht an Rom, gebunden werden. Christus hat seine Gemeinde von jeder weltlichen Gemeinschaft abgesondert und an einen geistlichen Ort gelegt, nämlich dahin, wo ein Mensch inwendig den Glauben hat, sei er nun in Rom oder irgendwo anders.

Wenn die Einheit des Geistes das wesentliche Konstitutivum der Christenheit ist, dann gehört der einzelne Christ der Kirche vor allem durch seinen Glauben an, nicht aber aufgrund seiner Zugehörigkeit zu einer leiblichen, d. h. sichtbaren Versammlung. Diese geistige Einheit ist nicht ohne weiteres mit einer soziologisch vorgegebenen leiblichen Einheit zu identifizieren, denn zu dieser soziologischen, d. h. zu der sichtbaren Einheit, gehören auch viele, die nicht glauben, die Sünder sind und damit innerlich von der geistlichen Einheit ausgeschlossen. Andererseits können zur rechten Christenheit auch solche hinzugezählt werden, die scheinbar außerhalb der Kirche sind, aber aufgrund ihres Glaubens doch dazu gehören. Weil es der Glaube ist, der einen Menschen zum Christen macht und zum Glied der geistlichen Christenheit, deshalb kann das äußere Fernsein von der römischen Einheit einen Christen auch noch nicht zum Ketzer oder Abtrünnigen machen. Hier wird die Sinnspitze von Luthers Argumentation deutlich. Sie ist sicherlich zeitbedingt, hat aber auch einen überzeitlichen Aspekt. Die Zugehörigkeit zur römischen Kirche ist auch nach katholischer Auffassung nicht gleichzusetzen mit der Zugehörigkeit zur *Communio sanctorum*.

Nachdem Luther zunächst versucht hatte, die biblische Redensweise von der Christenheit darzustellen, liefert er zwei weitere Deutungen der Christenheit: So nenne man normalerweise die Christenheit bzw. Kirche eine Versammlung in einem Haus oder eine Pfarrei, ein Bistum, ein Erzbistum oder das Papsttum, wo es die äußerlichen Dinge der Kirche gebe wie Singen, Lesen, Gewänder und dergleichen. In diesem Zusammenhang nennt man Kirche auch den geistlichen Stand, die Bischöfe, Priester und Ordensleute, und zwar nicht um des Glaubens willen, den sie vielleicht gar nicht haben, sondern wegen der äußerlichen Dinge wie Gesalbtsein, Kronentragen, dem Tragen besonderer Kleider, bestimmte Gebete und Werke verrichten usw. Allerdings, so führt Luther hier weiter aus, werde dem Wort »geistlich« oder »Kirche« hier Gewalt angetan, insofern es auf äußerliche Dinge angewendet wird, wo es doch allein um den Glauben geht. Dieser Sprachgebrauch habe überhand genommen und zu einer Verwirrung der Seelen geführt. Von dieser äußerlichen Kirche, so sagt Luther, steht kein Buchstabe in der Schrift. Nun kommt er zu seiner berühmten Unterscheidung

»Zur besseren Unterscheidung und um der Kürze willen wollen wir die zwei Kirchen mit unterschiedlichen Namen benennen.

[Geistliche Christenheit durch Glauben]

Die erste, die natürlich gründlich, wesentlich und wahrhaftig ist, wollen wir heißen *eine geistliche innerliche Christenheit.* Die andere, die gemacht und äußerlich ist, wollen wir heißen eine leibliche, äußerliche Christenheit.

Nicht, dass wir sie voneinander scheiden wollen, sondern zugleich so, wenn ich von einem Menschen rede und ihn nach der Seele einen Geistlichen und nach dem Leib einen leiblichen Menschen nenne, oder wie der Apostel den Menschen innerlich und äußerlich zu nennen pflegt, so auch die christliche Versammlung. Nach der Seele eine Gemeinde, einträchtig in einem Glauben, wiewohl sie nach dem Leib nicht an einem Ort versammelt ist, doch ein jeglicher Haufen an seinem Ort versammelt wird.

[Leibliche Gemeinde: Kirchenglieder, Klerus, Recht]

Diese geistliche Christenheit wird durch das *geistliche Recht* und die *Prälaten* regiert, gleichgültig ob diese wahrhaftige Christen sind oder nicht, denn diese *(äußere) Gemeinde*, nämlich Päpste, Kardinäle, Bischöfe, Priester, Mönche usw. macht keinen wahren Christen, weil sie auch ohne den Glauben bestehen könnten. Dennoch bleibt diese äußere Kirche niemals ohne solche Menschen, die auch wahrhafte Christen sind. Dies ist nach dem Bild von Leib und Seele zu verstehen. So wie der Leib nicht bewirkt, dass die Seele lebt, so lebt doch die Seele im Leibe, und auch wohl an dem Leibe.

[Materielle Seite der Kirche: Gebäude, Güter]

Schließlich gibt es eine dritte Weise, von der Kirche zu reden, nämlich indem man *von den Gebäuden und den so genannten »geistlichen« Gütern* spricht. Hierbei handelt es sich nach der Auffassung Luthers wieder um eine irrtümliche und falsche Bezeichnung. Das Wort geistlich wird in diesem Zusammenhang nämlich auf zeitliche Güter angewendet, die nichts mit dem Glauben zu tun haben. Diese Art, von Kirche zu sprechen, bestimmt fast alle Werke der Christenheit. Die Frage des äußeren geistlichen Gutes steht im Mittelpunkt aller Diskussionen und Streitigkeiten. Solcher Missbrauch der Redeweise und der Dinge hat das geistliche Recht und das menschliche Gesetz auf den Plan gebracht, zu großem Verderben der ganzen Christenheit.«

Dieser kurze Text von etwas mehr als einer Seite in der Weimarer Ausgabe (WA 6,296,33–297,9) der Lutherschriften hat zu einer ausführlichen Diskussion geführt, die hier nicht nachgezeichnet werden kann. Mit den zwei Kirchen sind natürlich keine zwei verschiedenen Kirchen gemeint. Vielmehr geht es um eine theologische Analyse des Begriffs der einen Kirche. Es handelt sich um zwei unterscheidbare, qualitativ verschiedene Aspekte, wenn von geistlicher innerlicher Christenheit und leiblicher äußerer Christenheit gesprochen wird. Gegenüber der Ausgangsanalogie von Leib und Seele in bezug auf die Anthropologie gibt es bei der Anwendung auf die Kirche eine Akzentverschiebung. Die Christenheit, soweit sie der Seele entspricht, ist eine Gemeinde, die einträchtig durch den Glauben konstituiert ist. Sie ist nicht einfach durch eine leibliche Einheit darzustellen; allerdings kann sie immer dort angetroffen werden, wo eine Gemeinde vorhanden ist. Die geistliche Christenheit ist nicht einfach identisch mit der soziologisch erfassbaren, durch das Kirchenrecht und die Ämterhierarchie strukturierten Kirche.

Jedoch existiert die geistliche Christenheit in der Welt und muss als solche auch leibhaftig erfahrbar sein. Dort, wo es konkrete institutionelle Kirche gibt, gibt es auch immer Christen, die im geistlichen Sinn zur Christenheit gehören. Dies bedeutet allerdings auch, dass es außerhalb der leiblichen, d. h. der hierarchischen Institution Kirche wahre *ecclesia spiritualis* geben kann, beispielsweise bei den Russen, Böhmen oder Griechen.

In späteren Jahren, in der Auseinandersetzung mit den Schwärmern und Spiritualisten, die eine äußere Kirche für völlig überflüssig hielten, arbeitete Luther stärker die äußeren Erkennungszeichen der Kirche heraus. Zu diesen *notae ecclesiae* gehören für Luther immer: Taufe, Schrift und Predigt. In seiner wichtigsten Spätschrift zu Kirchenfragen »Von den Konziliis und Kirchen« aus dem Jahre 1539 bekennt sich Luther zur Tradition der Kirche wie sie sich vor allem in den ersten vier grundlegenden Konzilien widerspiegelt. Als Kennzeichen, an denen die wahre Kirche in dieser Welt erkannt werden kann, nennt er: das Wort; die Taufe; das Abendmahl; die Schlüsselgewalt; die Berufung und Ordination von Pfarrern und Bischöfen; das Gebet sowie Lob und Dank gegen Gott; das Erleiden des Kreuzes sowie die Anfechtung. Es gibt andere, ähnliche Aufzählungen.

Das Papstamt zählt Luther niemals zu den Kennzeichen der Kirche. Die Einheit der Kirche ist für ihn wiederum eine Glaubenssache, sie ist nicht manifest. Die Einheit wird spirituell von Christus her gedacht. Er allein kann das Haupt der Christenheit sein. Wenn Luther über das Papsttum spricht, so verbindet er mit diesem Begriff die Vorstellung von Macht(missbrauch) und Herrschaft. So kommt es, dass bei ihm der Begriff des Papsttums negativ besetzt ist. Luthers Vorstellung deckt somit nicht alle Elemente ab, die im Allgemeinen mit dem Papsttum verbunden sind, vor allem nicht solche, die man heutzutage gern unter dem Begriff »Petrusamt« anspricht. Dieser weitere Vorstellungshorizont ist bei Luther jedoch nicht völlig ausgeblendet.

Noch in seiner letzten, überaus polemischen und sprachlich aggressiven Kampfschrift »Wider das Papsttum zu Rom, vom Teufel gestiftet« (1545) schimmern Ansätze zu einem »rechtmäßigen« Primat durch. Gerade an einer Stelle, an der Luther in aller Deutlichkeit den Machtanspruch, d. h. den

Jurisdiktionsprimat, zurückweist (WA 54 231,25–31), findet sich ein solcher fast unvermuteter Einschub: »... das der Bapst der Oberst were, nicht allein der ehren- und fürgangshalben (welchs im wol gegönnet were) ...« Eine Art »Ehrenprimat« scheint Luther dem römischen Bischof zugestehen zu können. Selbst eine »Lehraufsicht« des römischen Bischofs als Dienst an der Kirche wäre für Luther keine unmögliche Sache: »... auch nicht allein der Superattendentz halben, das er ein Auffseher were, auff die Lere und Ketzerey in den Kirchen (welches doch eim einigen Bisschoff viel zu viel und unmüglich ist in aller welt zu thun) ...« Eine Aufsicht über die kirchliche Lehre, wohl verstanden als Dienstfunktion, hätte durchaus ein Recht in der Kirche. Einschränkend sagt Luther nur, dass diese Aufgabe für einen einzigen Bischof wohl zu viel sei und ihn überforderte. Diese kurzen Bemerkungen zum Ehrenprimat und zur Lehraufsicht in der Kirche dürfen sicher nicht überbewertet werden, dass sie jedoch in dieser späten Schrift von 1545 im Zusammenhang mit dem Papsttum überhaupt erwähnt werden, eröffnet für ein heutiges Gespräch einen Spielraum, der im 16. Jahrhundert nicht hat genutzt werden können.

4 Einführung der Reformation

4.1 Wittenberg 1521/1522

Während Luther sich vom 4. Mai 1521 bis zum 3. März 1522 auf der Wartburg aufhielt und hier vor allem das Neue Testament übersetzte, versuchten einige seiner Anhänger, in Wittenberg die Konsequenzen aus seinen großen Programmschriften von 1520 zu ziehen. Dies galt vor allem für die Messe, den Zölibat des Priesters und die Mönchsgelübde. Im Mai 1521 heiratete Bartholomäus Bernardi, der Propst des bei Wittenberg gelegenen Stifts Kemberg. Viele andere Priester folgten diesem Beispiel. Luther begrüßte diese Entwicklung, hatte er doch in seiner Adelsschrift ausdrücklich festgestellt, dass das Gebot der Ehelosigkeit der Priester gegen die Schrift verstoße (1 Tim 3,2; 4,3).

Anders verhielt es sich bei den *Mönchsgelübden*. Karlstadt und auch Melanchthon hatten erklärt, Gelübde, die man nicht halten könne, hätten keinen Verpflichtungscharakter. Dieser Auffassung konnte Luther nicht folgen, weil man dann ja auch die Geltung aller Gebote bestreiten könnte. Luther sah einen Unterschied zwischen Zölibat und Mönchsgelübde und rang um die rechte Begründung für einen Klosteraustritt. Nachdem Luthers Ordensbruder Gabriel Zwilling im Oktober 1521 heftig gegen die Gelübde gepredigt hatte, verließen 15 von 40 Augustinern das Kloster. Luther hatte sich in einigen Predigten und einigen kleineren Schriften mit der Frage befasst. Im November 1521 entstand seine Schrift *De votis monasticis … iudicium*. Die Lösung der Gelübdefrage fand Luther in der Freiheit des Evangeliums: Ein Gelübde, das gegen die evangelische Freiheit verstoße, sei nichtig. So zum Beispiel, wenn es unter der Voraussetzung abgelegt worden ist, der Ordensstand sei notwendig, um Gerechtigkeit und Heil zu finden. Diese nämlich sind nur im Glauben an Christus zu erlangen, nicht im Vertrauen auf das eigene Werk des Gelübdes. Gelübde könne man nur leisten vorbehaltlich der Freiheit, das Klosterleben wieder aufzugeben, andernfalls wären die Gelübde »werkhafte«, von Menschen gesetzte Bedingungen für das von Gott geschenkte Heil. Nicht überzeugend erscheint die von Luther in seinem Widmungsbrief an seinen Vater geäußerte Auffassung, das 4. Gebot, d. h. der Elternwille, sei für jemanden, der ins Kloster gehen wolle, bindend. Hier sucht er wohl zu sehr eine Rechtfertigung der eigenen Situation, denn ein erwachsener Mensch hat doch sicherlich das Recht, sein Leben selbst zu gestalten.

In reformatorischen Kreisen kam in der Folge das Klosterleben völlig zum Erliegen. Allerdings hielt Luther Gelübde und freiwillige klösterliche Gemeinschaften für möglich, nicht jedoch Gelübde in juristisch-bindender Form.

Auch in der *Ordnung des Gottesdienstes* wurden in Wittenberg Änderungen durchgeführt. Luthers Wittenberger Professorenkollege Andreas von Bodenstein, genannt Karlstadt, feierte Weihnachten 1521 mit über 2000 Gläubigen das Abendmahl in beiderlei Gestalt. Die lateinische Sprache wurde durch die deutsche ersetzt und Karlstadt zelebrierte in weltlicher Kleidung. Zur gleichen Zeit wurden in Wittenberg die privaten Messen abgeschafft, die Beichte für unnötig erklärt und die Fastengeboten ebenfalls als überflüssig angesehen. Außerdem forderte Karlstadt die Abschaffung der Bilder und Seitenaltäre.

Der Rat der Stadt und die lutherisch gesinnten Universitätslehrer fassten die kultischen Neuerungen im Januar in der so genannten »Wittenberger Reformordnung« zusammen. In ihr war auch festgelegt, dass der Kirchen- und Klosterbesitz in Gemeingut übergeführt werden sollte. Für diese Güter wurden der so genannte »Gemeine Kasten« geschaffen, aus dem die Sozialfürsorge für die Armen und Schwachen bestritten werden sollte. Der Wittenberger Kurfürst war mit den Reformen nicht einverstanden.

Eine gefährliche Entwicklung bahnte sich an, als drei so genannte »Zwickauer Propheten«, schwärmerische Prediger aus der Tuchmacher- und Bergwerkstadt Zwickau, in Wittenberg ankamen und dort für große Unruhe sorgten. Sie beriefen sich auf den unmittelbaren Geistbesitz und schrieben ihm eine größere Bedeutung zu als der Schrift. Da man sich in Wittenberg keinen Rat wusste, rief man Luther um Hilfe an. Luther folgte diesem Ruf. Vom 9. März 1522 an, dem Sonntag Invocavit, hielt Luther jeden Tag eine Predigt in der Wittenberger Stadtkirche. In diesen *Invocavitpredigten* nahm er zu den durchgeführten Reformen Stellung: Abschaffung der Messe, Einführung der Priesterehe, Aufhebung der Fastengebote, Abtun der Bilder, Abendmahl unter beiden Gestalten.

Zwar erkennt Luther all diese Reformen als berechtigt und als Frucht seiner eigenen Gedanken an, er kritisiert jedoch die Art und Weise, wie reformiert worden ist. Man sei mit Gewalt und Zwang vorgegangen und habe die Abschaffung dieser Nebensächlichkeiten als Bedingung der Seligkeit erklärt. Nach Luther aber hängt alles am Glauben. Die äußere Ordnung ist demgegenüber völlig sekundär. Bei der Durchführung solcher Reformen müsse man auf die Schwachen, die noch am Hergebrachten hängen, Rücksicht nehmen. Die Gläubigen seien auf die Reformen noch nicht vorbereitet. Luther gelingt es, die alte Ordnung in Wittenberg wieder herzustellen. Erst 1526 wird seine eigene deutsche Messordnung, die sich weitgehend an das römische Vorbild hält, in Wittenberg offiziell eingeführt. Zuvor hatte er bereits die lateinische Messe vom Opfergedanken gereinigt (1523), in dem er die Offertoriumsgebete strich und den Messkanon auf die Einsetzungsworte reduzierte. Gleichzeitig wurde die Kommunion unter beiden Gestalten eingeführt.

4.2 Reformation und Adel

Es ist ein bemerkenswertes Phänomen, dass sich zu Beginn der reformatorischen Bewegung eine standesspezifische Ausprägung in der Zuneigung einiger sozialer Gruppen zur Reformation ablesen lässt. Zu denken ist hier an die Ritter, die Städte, den »gemeinen Mann« und schließlich die Fürsten.

Schnellen Eingang fand die Reformation in weiten Teilen des niederen Adels. Im frühen 16. Jahrhundert befand sich die Ritterschaft in einer kritischen Lage. Wirtschaftlich im Niedergang begriffen, hatte sie sozial ihre Funktion verloren und es fehlten neue Aufgaben. Deshalb ist es nicht verwunderlich, dass die religiösen Entscheidungen beeinflusst und überlagert werden konnten von politischen Überlegungen, Erwägungen des sozialen Prestiges und materieller Existenzfragen, sowie verwegene Hoffnung auf große Gewinne. So trifft man z. B. in Territorien, in denen es zwischen Landesherren und den landsässigen Adeligen Spannungen gab, die Tendenz an, dass sich die Adeligen in der Religionsfrage jeweils anders entschieden, als ihre Herren. In späteren Jahrzehnten kamen diese Neigungen des niederen Adels manchmal der alten Kirche, in der Frühzeit aber fast ausschließlich der reformatorischen Bewegung zugute.

So waren Luthers Lehren beispielsweise in den habsburgischen Erblanden in Österreich schon 1521 »bis in den letzten Winkel des lesekundigen Adels« vorgedrungen (von Moltke). In der Steiermark entstand innerhalb weniger Jahre ein blühendes evangelisches Kirchenwesen. Auch in Norddeutschland, etwa in Ostfriesland, war es der Adel, der die Durchsetzung der Reformation begünstigte.

Das Reich um 1520

Besonderes Aufsehen erregte eine spektakuläre Aktion des Adels in den Jahren 1522/1523, die so genannte Sickingische Fehde. Der Ritter Franz von Sickingen hatte sich in verschiedenen Fehden und Kämpfen ein kleines Burgenterritorium an der Nahe und im Pfälzer Raum geschaffen. Sein Hauptsitz war die Ebernburg bei Kreuznach an der Nahe. Durch eigene Lektüre von Lutherschriften und den Umgang mit humanistischen Ratgebern kam Franz von Sickingen zu der Überzeugung, er sei berufen, militärisch für die neue Lehre zu kämpfen. Bestärkt wurde Sickingen vor allem durch den humanistischen Literaten Ulrich von Hutten (1488–1523), der ein glühender Lutheranhänger war und sich für die nationale Erneuerung Deutschlands begeisterte. Besonders beeindruckt war er durch Luthers Lehre von der christlichen Freiheit, die er aber im politischen Sinn missverstand. Die Befreiung von kirchlicher Tyrannei erschien als herrliches Ziel, für das in den Krieg zu ziehen Gott die Ritter bevollmächtigte. Franz von Sickingen machte seinen Plan wahr und wandte sich zunächst gegen das Erzstift Trier, um es zu säkularisieren. Nach achttägiger Belagerung von Trier schlug das Unternehmen fehl. Die vereinigten Heere von Kurtrier, Kurpfalz und Hessen besiegten den Ritter. Am 7. Mai 1523 verlor er in seiner Festung Landstuhl Krieg und Leben. Zwar schlossen sich viele Ritter der Reformation an, für ihre Durchsetzung kommt ihnen in der Folge aber keine ausschlaggebende Bedeutung zu.

4.3 Stadt und Reformation

Das Thema »Stadt und Reformation« hat zuerst Alfred Schultze im Jahre 1918 behandelt. An seine Vorarbeiten knüpfte Bernd Moeller mit seiner Arbeit »Reichsstadt und Reformation« (1962) an. Seitdem ist das Problem der städtischen Reformation eines der Hauptforschungsgebiete der Reformationshistoriker. Es ist ein historisches Faktum, dass vor allem die süddeutschen Reichsstädte sich zuerst und sehr intensiv der Reformation zugewandt haben.

Die Untersuchungen der letzten Jahrzehnten kreisen vor allem um die Frage, warum gerade die Städte sich zuerst der Reformation zuwandten und ob es hier einheitliche Muster für die Einführung der Reformation gab. In welcher Weise spielten religiöse, politische, soziale, wirtschaftliche und kulturelle Faktoren zusammen? »Die deutsche Stadt des Spätmittelalters hat eine Neigung, sich als *corpus christianum* im kleinen zu verstehen« (Moeller, 15). Die städtischen Bürger, vor allem die Obrigkeiten, fühlten sich gleichermaßen verantwortlich für das irdische wie für das ewige Heil aller Einwohner: »Irdische Wohlfahrt und ewiges Heil werden zusammengeschaut, und so sind auch die Grenzen von säkularem und spirituellem Lebensbereich verwischt« (Moeller, 13).

Die Identität von politischer und kirchlicher Gemeinde wird in der These dadurch gesteigert, dass sie in das Bewusstsein des Bürgers verlegt wird. Dadurch ist bei jedem einzelnen Bürger subjektiv die Voraussetzung vorhanden, in der Stadt ein einheitliches und geordnetes Kirchenwesen zu schaffen. Für dieses Denken sei die Theologie Zwinglis brauchbarer gewesen, deshalb hätten die deutschen Städte (zumindest anfänglich) die Theologie Zwinglis übernommen. Neben den allgemeinen Dispositionen für die Einführung der Reformation gab es weitere Aspekte: Die Städte waren Zentren der Bildung und von Büchern, hier wohnten die meisten Lehrer und Buchdrucker, hier war der Humanismus beheimatet. Sie boten vermehrt Möglichkeiten geistigen Austauschs und der Bildung von Öffentlichkeit. Hier konnte sich Agitation entfalten und die geistige und soziale Mobilität war größer als auf dem Land. Neben der Lutherlektüre, den Flugschriften – auch ein eigentümliches Phänomen der Reformationszeit – war der Anteil der Predigt an der Verbreitung der neuen Lehre sehr groß. Die ersten Anhänger Luthers waren die Humanisten und auch die humanistischen Prediger. Gerade in den Städten gab es ausgebildete Prediger, die mit Luther sympathisierten.

Kirchenkritik und der Antiklerikalismus waren in den Städten besonders groß. Daher ist es nicht verwunderlich, dass auch die gebildeten Laien in den Städten die von Luther eröffnete Möglichkeit, dass die Laien die Besserung und Reorganisation der Kirche in Angriff nehmen sollten, praktizierten. So forderten die Städte freie Pfarrerwahl und setzten Prediger ein, die die neue Lehre verkünden sollten. Diese Forderung entstand nicht plötzlich, sie hatte ein langes Vorspiel im Spätmittelalter. Durch die Stiftung und Kumulation von Pfründen und Benefizien versuchten Laien auf dem Land und in der Stadt stärkeren Einfluss auf ihr Kirchenwesen zu nehmen. Bisweilen gelang es auf diesem Weg, sogar Einfluss auf die Besetzung von Pfarreien zu erhalten. Jedoch ist nirgends die Einführung der Reformation unmittelbar vom Rat durchgeführt worden. Die Bürgerschaft drängte auf Einführung der neuen Lehre und der Rat folgte diesem Drängen, um die Bewegung von sich aus in den Griff zu bekommen. Die freien Städte waren die ersten Körperschaften, die sich aus dem stehenden Rechtsverband, der die Bindung an die von Rom regierte Kirche voraussetzt, lösten. Bis zum Frühjahr 1525 waren Städte aus dem gesamten Reich der Reformation zugefallen, so vor allem die führenden Städte Bremen, Magdeburg, Breslau, Nürnberg, Konstanz, Straßburg und Zürich.

4.4 Bauern und Reformation

Bauernunruhen hatte es im Reich bereits lange vor der Reformation gegeben. Die Missstimmung der Bauern war hauptsächlich durch wirtschaftliche Nöte ausgelöst worden. Die Einführung des römischen Rechts hatte ihre Lage zusätzlich erheblich verschlechtert. Die Grundherren hatten nun allein Anspruch auf Grund und Boden. Die Reformen, auf die die Bauern gehofft hatten, wurden immer wieder vertagt, sodass sich Enttäuschung ausbreitete und es vereinzelt zu Aufständen kam. In den zwanziger Jahren des 16. Jahrhunderts bediente sich die bäuerische Bewegung zunehmend des Schlagwortes der Reformation. Auf dem Land schlossen sich einige Prediger den Forderungen der Bauern an. Vor allem durch Flugschriften wurde Luthers Theologie auch in den Kreisen der Bauern wirksam. Allerdings rezipierten sie die Theologie Luthers im Blick auf ihre speziellen sozialen Nöte. Ein wichtiger Argumentationsansatz war die Aufhebung der Standesunterschiede und die Betonung der Gleichheit aller Christen durch die Taufe, wie sie Luther in der Adelsschrift vorgetragen hatte. Er allerdings hatte damit die Gleichheit aller Menschen vor Gott gemeint. Doch viele Laien und vor allem auch die Bauern sahen hier die Möglichkeit, das Leben innerhalb der konkreten Gesellschaft so einzurichten, wie es die Normen des Evangeliums ihrer Meinung nach vorgaben.

Deshalb lag das Neue im großen Bauernkrieg von 1525 nicht in den dort erhobenen Forderungen, sondern in deren Begründung. Man berief sich auf das göttliche Recht und auf das Evangelium. Herkommen, Tradition, bürgerliches und römisches Recht sollten demgegenüber zurücktreten. Die Hervorkehrung der Bibel und die Berufung auf sie hatte für die Bauern eine »erlösende« Funktion (Blickle), sie hatte »Signalwirkung«. Auch in früheren Bauernbewegungen hatte es religiöse Faktoren gegeben. Durch die Berufung auf die Bibel aber konnte man die Fragwürdigkeit aller bisherigen Autoritäten hervorheben und so zu eigenem Tun ermächtigt werden.

Die Bauern konnten die Schriften und Werke Luthers nicht selbst lesen, sondern waren auf die Auslegung der Pfarrer und anderer Gewährsleute angewiesen. Die bäuerliche Erhebung, die zum Bauernkrieg führte, begann im Sommer 1524 im südlichen Schwarzwald und im Allgäu. Die reformatorischen Ideen wurden für diese Bewegung Ende Februar 1525 bedeutsam. Damals arbeitete der Memminger Kürschner Sebastian Lotzer zusammen mit dem dortigen Pfarrer Christoph Schapeler einen Katalog bäuerlicher Forderungen aus, die so genannten »Zwölf Artikel«. Sie wurden von dem großen Bauernhaufen in Oberschwaben, dem Baltringer Haufen, übernommen und dann in kurzer Zeit verbreitet.

Die Zwölf Artikel enthielten kein radikales Programm. Neben der Abschaffung der individuellen und kollektiven Belastungen für den Bauernstand im wirtschaftlichen und sozialen Bereich wurde eine Neubestimmung des Zehnten gefordert. Ferner forderte man die freie Wahl der Pfarrer durch die Gemeinden und die Predigt des lauteren Gotteswortes. Die Obrigkeit und die Gerichtsherrschaft wurden anerkannt. Außerdem wollten die Bauern all die Forderungen fallen lassen, die aus der Bibel widerlegt wurden. Den Verlauf des Bauernkrieges kann hier im Einzelnen nicht verfolgt werden. Die Bauern hatten zeitweilig große Erfolge. Sie eroberten Weinsberg, Heilbronn und Würzburg.

Luther hatte zunächst Verständnis für die Forderungen der Bauern, ihren Aufstand lehnte er jedoch ab. Er warf den Bauern vor, das Evangelium um irdischer Vorteile willen zu missbrauchen. Die Herren forderte er auf, mit brutaler und unnachgiebiger Härte gegen »die räuberischen und mörderischen Bauern« vorzugehen. Diese Stellungnahme Luthers hat seinem Ansehen beim »gemeinen Mann« sehr geschadet. Daran konnten auch seine späteren Erklärungsversuche nichts mehr bessern.

Die adeligen Gegner der Bauern, vor allem der Schwäbische Bund, Hessen und Sachsen, besiegten nach und nach die einzelnen Haufen. Die letzte entscheidende Schlacht fand am 15. Mai 1525 bei Frankenhausen statt. Hier wurde auch Thomas Müntzer, der einer der Anführer der thüringischen und sächsischen Bauern gewesen war, gefangen genommen und schließlich hingerichtet. Müntzer hatte gehofft, der Aufstand der Bauern werde die Errichtung des eschatologischen Reiches beschleunigen.

Luthers Eheschließung

Im Bauernkrieg hat Luther unglücklich Stellung bezogen. Wenn seine Position auch theologisch einsichtig gemacht werden kann, so ist sie menschliche kaum nachvollziehbar. Durch diese Haltung und durch seine Eheschließung mitten im Bauernkrieg vergraulte Luther auch etliche Anhänger. Mit seiner Ehe wollte Luther angesichts seines befürchteten baldigen Endes bewusst ein Zeichen evangelischer Freiheit setzen. Luther hat eine gute Ehe geführt, aus ihr sind sechs Kinder hervorgegangen. Wenn auch Luthers Ansehen durch die Ereignisse des Jahres 1525 gelitten hat, so blieb er dennoch unbestritten der führende Kopf der evangelischen Theologen. Doch die Politik gewann im äußeren Ablauf der geschichtlichen Ereignisse immer mehr die Oberhand und die Theologie trat zurück. So ist es nur verständlich, wenn Luther in der Folgezeit für das tatsächliche Geschehen nicht mehr unmittelbar Impulse geben konnte. Sein geschichtlicher Höhepunkt war überschritten. Er verfasst allerdings weiterhin bedeutende theologische Schriften und wirkte mit bei der Ausformung des neuen Kirchenwesens.

Nacheinander fielen die ersten Träger der Reformation, der kleine Adel und die Bauern, der so genannte »gemeine Mann«, aus. Auch die Städte verloren ihre Bedeutung als treibende Kraft, weil es ihnen nicht gelang, sich zu einer gemeinsamen Politik durchzusetzen. Ab 1530 spielten die Städte in der Reformationsgeschichte und auch in der Reichsgeschichte keine eigenständige Rolle mehr. Die Gewinner waren die Landesfürsten, sie übernehmen ab 1526 eine Führungsrolle in der Reformation.

5 Vielfalt von Reformatoren

Die reformatorische Bewegung, die Luther ausgelöst hatte, fand eine breite Resonanz in allen Bevölkerungsschichten. Eine Vielzahl von Reformatoren und geistlichen Führern erwuchs in dieser Zeit. Theologisch waren fast alle von Luther abhängig, wenn sie auch später abweichende Vorstellungen entwickeln. Unmittelbar auf Luthers Seite standen Philipp Melanchthon, Justus Jonas, Nikolaus von Amsdorf, Johannes Bugenhagen und Georg Spalatin. Andere kamen von Luther her, entwickeln sich aber in unterschiedliche Richtungen weiter. Luther wandte sich sowohl gegen einzelne Personen wie auch gegen bestimmte Gruppen wie die Täufer oder Schwärmer.

5.1 Andreas Karlstadt (gest. 1541)

Luthers Wittenberger Universitätskollege Andreas von Bodenstein, einst sein Doktorvater und früher Mitkämpfer, entwickelte eigene theologische Anschauungen. Als Luther für ihn ein Kanzelverbot und eine Zensur seiner Schriften erwirkte, ging eigene Wege. Er wandte sich einer Mystik der Innerlichkeit zu, gab seine Professorenstelle auf und wurde Pfarrer in Orlamünde. Hier reformierte er den Gottesdienst in seinem Sinn und lebte im Übrigen als einfacher Mitbürger seiner bäuerlichen Nachbarn. Im Gegensatz zu Müntzer ging er einen friedlichen Weg der Reformation, wie ihn der Großteil der Täufer einschlagen sollte. Luther ließ Karlstadt aber nicht in Ruhe gewähren, sondern veranlasste seine Vertreibung. Dieser floh nach

Süddeutschland, wo ihn Zwingli aufnahm. Später war er Professor in Basel, wo er am 12. Dezember 1541 starb. In Karlstadt ist Luther diejenige Form des Christentums entgegengetreten, die sich nicht auf das äußere Wort, sondern auf den inneren Geistbesitz verlässt. Karlstadt ist der erste, der die reformatorische Kritik am mittelalterlichen Sakramentalismus radikal weiterführt bis hin zur Bestreitung der Realpräsenz. Von Luther wird Karlstadt zum »Schwärmer« gestempelt. Den inneren Visionen und Geisterfahrungen des Schwärmertums stellt Luther das Vertrauen auf das äußere Wort der Schrift gegenüber. Der spiritualistischen Deutung des Sakraments begegnet er mit der Betonung der realen Gegenwart von Leib und Blut Christi in den äußeren Gestalten von Brot und Wein.

5.2 Thomas Müntzer (1490–1525)

Auch Thomas Müntzer ist von Luther ausgegangen und kam wie Karlstadt zu einer Höherbewertung der innerlichen Erfahrung gegenüber dem äußeren Wort der Schrift. Zwei weitere Aspekte sind bei ihm wichtig: die Kreuzesmystik und die chiliastische Hoffnung. Nur der kann Gott hören, der zuvor durch »großes Kreuz und Anfechtung« hindurchgegangen ist. Daher sucht und findet Müntzer seine Anhänger unter den Armen und Entrechteten. Während Luther in der augustinisch-mittelalterlichen Tradition bleibend den Jüngsten Tag und das Ende der Welt erwartet, lebt bei Müntzer die chiliastische Hoffnung auf ein irdisches Reich Gottes auf. Jetzt ist die Zeit der Ernte, die Zeit der Scheidung zwischen den Erwählten und den Gottlosen. Müntzer versteht sich als Prophet des anbrechenden Reiches, ja als auserlesenes Werkzeug, mit dem Gott die Kämpfe der Endzeit durchsetzen will. So schreckt er vor Gewalt nicht zurück. Im Bauernkrieg ist er beteiligt und wird schließlich gefangen und hingerichtet. Die sozialen Fragen des

Bauernkrieges bleiben ihm allerdings unverständlich. Er sah den Kampf der Endmächte. Müntzers Einfluss auf den gesamten linken Flügel der Reformation war bedeutend.

Luther hat Müntzer literarisch bekämpft. In seinem Brief an die Fürsten zu Sachsen *Von dem aufrührerischen Geist* (WA 15,210–221) bezeichnete er ihn schlechthin als Satan. Müntzer antwortete mit der »Hochverursachten Schutzrede und Antwort wider das geistlose, sanftlebende Fleisch zu Wittenberg«. Müntzer verwarf Luthers Rechtfertigungslehre und dessen Entwertung des Gesetzes zu Gunsten der Gnade.

5.3 Die Täufer

Bei den Täufern sind recht unterschiedliche und miteinander rivalisierende Gruppen zu unterscheiden. Wenn man einmal vom Täuferreich in Münster absieht, so sind die Täufer insgesamt eher friedlich und gewaltlos. Die ersten Täufer finden sich in Zürich. Es sind frühere Mitarbeiter Zwinglis, die zu seine Gegner wurden: Konrad Grebel (1498–1526) und Felix Manz (1500–1527). Seit 1525 praktizierten sie die Wiedertaufe. Die Kindertaufe lehnten sie ab, da der persönliche Glaube die wichtigste Voraussetzung für den Empfang des Sakramentes sei. Felix Manz wurde vom Rat der Stadt Zürich verurteilt und in der Limat ertränkt.

Wichtige Täufer in Süddeutschland, die hier nur genannt werden können, sind: Balthasar Hubmaier (1485–1528), Hans Hut (um 1490–1527) und Hans Denck (um 1500–1527). Ein kaiserliches Mandat von 1528 stellte alle Täufer unter Ketzerrecht. In ihrer Bekämpfung waren sich altkirchliche und lutherisch gesinnte Gruppen einig.

Eine weitere Täufergruppe hatte ihren Schwerpunkt in Mähren. Nach ihrem Anführer Jakob Hutter (gest. 1536) aus dem Südtiroler Pustertal, nannten sie sich »Hutterer«.

Am einflussreichsten wurde eine Gruppe, die in Norddeutschland und vor allem auch in den Niederlanden wirkte. Sie geht zurück auf Melchior Hofmann (um 1500–1543). Einer seiner Schüler war Jan Matthijs aus Haarlem. Dessen Schüler wiederum war Jan Bockelson aus Leiden. Jan Bockelson errichtete zusammen mit Bernhard Knipperdolling 1534/1535 das berüchtigte Täuferreich in Münster. Jan Bockelson ließ sich zum König ausrufen (31. Mai 1534). In der Stadt wurde eine kommunistische Ordnung eingeführt, ebenso die Polygamie. Mit Grausamkeit und Härte konnte Jan von Leiden sich ein Jahr und vier Monate halten. Dann wurde die Stadt von den Truppen des Bischofs von Münster erobert und unter den Täufern ein Blutbad angerichtet. Jan von Leiden und zwei weitere Anführer, Bernhard Knipperdolling und Bernhard Krechting, wurden am 22. Januar 1536 mit glühenden Zangen zu Tode gemartert und ihre Leichen in Eisenkäfigen am Turm der Lambertikirche ausgestellt. Das Täuferreich von Münster hat dem Ansehen des Täufertums sehr geschadet, denn die Täufer waren eigentlich gewaltlos.

Ebenfalls Schüler von Jan Matthijs war Menno Simons (gest. 1561). Er vertrat vor allem eine friedliche Richtung und Entwicklung des Täufertums. Seine Anhänger, die Mennoniten, bilden noch heute, vor allem in den USA, eine große Gemeinschaft.

5.4 Spiritualisten

Von den Täufern zu unterscheiden sind die Spiritualisten, obwohl oft die Grenzen fließend sind. Vertreter sind Theophrastus Bombastus von Hohenheim (= Paracelsus, um 1494–1541), der Schriftsteller Sebastian Franck (1499–1542) und der schlesische Edelmann Kaspar von Schwenckfeld (1489–1561). Kennzeichnend für sie sind das reine Geistprinzip, die Abwertung alles Äußeren und der Verzicht auf Gemeindebildung. Die Spiritualisten sind Individualisten und wollen über den Konfessionen stehen. Sebastian Franck schreibt 1531:

»Es sind zu unseren Zeiten drei fürnehmlich Glauben aufgestanden, die großen Anhang haben, als Lutherisch, Zwinglisch, Täuferisch; der viert ist schon auf der Bahn, dass man alle äußerlich Predigt, Ceremoni, Sakrament, Bann, Beruf als unnötig will aus dem Weg räumen, und glatt ein sichtbar geistlich Kirchen in Ewigkeit des Geistes und Glaubens versammelt unter allen Völkern und allein durchs ewig unsichtbare Wort von Gott ohn einig äußerlich Mittel regiert, will anrichten«.

Luther hat die Täufer und Spiritualisten, wie zuvor auch Karlstadt und Müntzer, als »Schwärmer« gebrandmarkt und verurteilt. Gegen sie berief er sich auf das verbindliche Wort der Schrift und das konkrete Heil in den Sakramenten. Der Geist ist, weil Gott selbst es so will, gebunden an Wort und Sakrament in der Kirche. Gegen die Schwärmer ringt sich Luther durch zu einer stärkeren Betonung der Geschichtlichkeit des Heils, greifbar im Wort und Sakrament der Kirche.

5.5 Huldrych Zwingli (1484–1531)

In Süddeutschland gab es einen eigenen von Luther unabhängigen reformatorischen Ansatz. Zentrum dieser Bewegung war die Schweiz und näherhin die Stadt Zürich. Treibende Kraft war Huldrych Zwingli, geboren am 1. Januar 1484 in Wildhaus (Toggenburg), wurde er nach gründlichen Studien in Bern, Wien und Basel von 1506 bis1516 Pfarrer in Glarus. Von 1516 bis 1518 war er Leutpriester in Einsiedeln. Am 1. Januar 1519 trat er sein neues Amt als Pfarrer des Großmünsters in Zürich an. Zwingli war vom Humanismus beeinflusst und selbst Humanist. Er betonte die sittliche Botschaft der Heiligen Schrift. Früh las er Luther, legte aber immer Wert auf die Feststellung, er unabhängig von ihm zum Evangelium gekommen.

Zwingli wurde durch Schriftstudium zum Reformator. Seine Reformation setzt nicht mit grundlegenden theologischen Erkenntnissen ein, die er schriftlich fixiert wie Luther, sondern er betreibt praktische Reform auf der Grundlage der Schrift. Das Evangelium war ihm eine klare, verständliche Botschaft. Ohne sich allzu sehr anstrengen zu müssen, löste er sich innerlich von Rom und versuchte, nur aus dem Evangelium zu predigen. Er wandte sich gegen Heiligenverehrung und trat ein für Abschaffung des Zehnten und für Reform der Armenfürsorge. Es ist eine allmähliche Reform ohne Aufsehen. Erst 1522 kam es zu einem Eklat mit den kirchlichen Behörden. Aus Zwinglis Predigten über die Fastengebote zogen einige Gemeindemitglieder die Konsequenzen. In der Fastenzeit veranstalteten sie im Haus des Buchdruckers Froschauer ein demonstratives Wurstessen. Zwingli wohnte dem Essen bei, aß aber nicht mit. Immerhin kam jetzt der Stein ins Rollen. Zwingli wurde von der kirchlichen Behörde angegriffen. Zur Verteidigung schrieb er 1522 seine erste reformatorische Schrift »Vom Erkiesen und Freyheit der Speisen«.

Der zuständige Bischof von Konstanz beschwerte sich, aber der Rat schützte Zwingli. Im Oktober legt Zwingli sein Pfarramt, in dem er dem Bischof unterstand, nieder. Darauf errichtete der Rat eine eigene evangelische Pfarrstelle für ihn. Damit war es der Züricher Rat, der Zwingli aus dem Verband des katholischen Klerus herauslöste.

In einem öffentlichen Religionsgespräch vor 600 Zuhörern konnte Zwingli am 29. Januar 1523 in der so genannten »Ersten Züricher Disputation« seine Ansichten verteidigen. Zu dem Gespräch hatte er 67 Thesen vorgelegt. Die Verteidigung und ausführliche Erklärung dieser Thesen veröffentlichte er im gleichen Jahr unter dem Titel »Auslegung und Gründe der Schlussreden«. Dieses Werk ist sein umfangreichstes und enthält seine Dogmatik. Zwinglis theologische Hauptschrift *De vera et falsa religione commentarius* erschien im März 1525.

Entscheidend für Zwinglis Auffassung sind die Begriffe *solus Christus* und *sola scriptura*. Die Verkündigung des reinen Evangeliums der Heiligen Schrift, befreit von allen Zusätzen der kirchlichen Tradition, war sein Hauptanliegen. In der Schrift begegnen wir dem lebendigen Christus. Die Schrift erschließt sich uns durch den Heiligen Geist. Nur wer vom Geist erfüllt ist, versteht die Schrift richtig. Der Geist ist freies Geschenk Gottes. Im Geist ist Christus selbst kraft seiner Gottheit gegenwärtig.

Diese Betonung des Geistes ist für Zwinglis Theologie eigentümlich. Sie lässt ihn auch zu einer Minderbewertung der Sakramente kommen. Sie sind nur äußere Zeichen. Er lehnt den Opfercharakter der Messe, die Transsubstantiationslehre und den substantiellen Empfang des Leibes Christi ab. Der Tod des Herrn ist die Speise der Seele, womit die Realpräsenz des Leibes Christi in den Elementen hinfällt. Zwingli vertritt eine »anamnetische Realpräsenz«:

> »Sieh also, frommer Christ, dass Leib und Blut Christi nichts anderes sind als das Wort des Glaubens, nämlich dass sein Leib, für uns getötet, und sein Blut, für uns vergossen, uns erlöst und Gott versöhnt hat. So wir das fest glauben, so ist unsere Seele gespeist und getränkt mit dem Fleisch und Blut Christi« (CR–Z II 143,12–16.)

Die Gegenwart Christi ist im Geist gegeben und nicht von äußeren Zeremonien abhängig. Das Abendmahl ist öffentlich bekennende Danksagung, Feier zur Erinnerung an das Opfer Christi und Gemeinschaftsmahl mit Bekenntnis- und Verpflichtungscharakter.

Zwinglis Lehre ist teilweise in Abhängigkeit von Luther entstanden. In der Frage der Realpräsenz unterscheidet er sich aber. Hier kam es 1529 auf Anregung Philipps von Hessen zum Marburger Religionsgespräch zwischen Luther und Zwingli. In 14 Artikeln der Lehre einigte man sich. Der 15. Punkt, die Frage der Realpräsenz, blieb offen und führte zum Bruch zwischen

Lutheranern und Zwinglianern, wie er auf dem Reichstag von 1530 zutage trat. In Zürich setzte sich Zwingli durch. Am 13. April 1525 war auf Drängen Zwinglis die Messe in Zürich vom Rat der Stadt abgeschafft worden. Dies war ein letztes Zeichen für die Durchführung der Reformation. Als Zwingli in offener Feldschlacht am 11. Oktober 1531 in Kappel fiel, übernahm Heinrich Bullinger die Leitung der Reformation in Zürich.

5.6 Jean Calvin (1509–1564)

Die reformatorische Bewegung hatte anfänglich zwei Hauptorte, das Wittenberg Luthers und das Zürich Zwinglis. Seit den vierziger Jahren tritt ein drittes Zentrum der Reformation hinzu, dessen Ausstrahlungskraft die von Zürich ausgehenden Impulse bald überdeckte und aufsog und das seit der Jahrhundertmitte auch Wittenberg den Rang als Hauptzentrum der reformatorischen Bewegung streitig machte: Das Genf Johannes Calvins.

Johannes Calvin (Jean Cauvin) wurde 1509 in Noyon in der Picardie geboren. Er erhielt eine ausgezeichnete humanistische Ausbildung in Paris und studierte Rechtswissenschaft in Paris, Orléans und Bourges. Später spricht Calvin davon, durch eine »plötzliche Bekehrung« sei er zur Reformation gekommen. Eine genaue Datierung ist unmöglich, jedenfalls liegt sie vor dem 4. Mai 1534, als Calvin auf seine Pfarrpfründe in Noyon verzichtete. Inhaltlich besteht die »Bekehrung« in Calvins Hinwendung zur Heiligen Schrift, die er nur noch als einzige Autorität anerkannte. Der wirkliche Durchbruch seiner reformatorischen Erkenntnis ist bei ihm dagegen ein langer Prozess.

Seit Beginn der dreißiger Jahre stand er evangelischen Kreisen in der französischen Hauptstadt nahe und hatte auch bereits Schriften von Luther gelesen. Vor einer Protestantenverfolgung unter Franz I. floh er ins Schweizer Exil. Hier in Basel schrieb er 1536 in wenigen Wochen eine Schrift, die ihn mit einem Schlag berühmt machte: *Institutio Christianae Religionis* (Unterricht in der christlichen Religion). Es ist Calvins Hauptwerk. Sein Leben lang hatte er daran gearbeitet. 1536 umfasste es sechs kurze Kapitel, bis zur letzten Fassung von 1559 wuchs es auf 80 Kapitel an. Die Urfassung hat Luthers kleinen Katechismus zum Vorbild. Neben der lateinischen Fassung gab es bald eine französische. Die Institutio ist das klassische Werk der Reformation. In klarem systematischem Gedankengang entwickelt sie die reformatorische Lehre. Im Gegensatz zu Luther war Calvin ein klarer Systematiker.

Nachdem Calvin sich mit einem Schlag als ein führender theologischer Kopf erwiesen hatte, begann für ihn ein Wanderleben: 1536 war er in Genf, 1538 in Straßburg. 1541 begann sein zweiter entscheidender Aufenthalt in Genf. Seine Rückkehr machte Calvin abhängig von der Annahme einer neuen von ihm auszuarbeitenden Kirchenordnung. Die Kirche baut sich nach Calvin auf der Verkündigung des göttlichen Wortes und der Verwaltung der Sakramente auf.

Für Calvin war aber die Kirche nicht nur die Gemeinde der das Wort Hörenden, sie ist wesentlich die Gemeinde der Gehorchenden. Die von Luther ins zweite Glied abgeschobenen Fragen der Gemeindeordnung werden von Calvin mit gleicher Dringlichkeit behandelt wie Fragen der Lehre. Neben den Dienst der Verkündigung tritt die kirchliche Zucht, die Aufsicht innerhalb der Gemeinde über das den göttlichen Geboten entsprechende Leben ihrer Glieder und die Bestrafung des Ungehorsams. Calvin schreibt, im Rückgriff auf das Neue Testament und beeinflusst wohl von der Straßburger Kirchenordnung, für die christliche Gemeinde vier Ämter vor: das der Prediger, der Lehrer, der Ältesten und der Diakone.

Die kirchliche Zucht ist den Ältesten, den Presbytern, übertragen. Damit fällt dem Laienelement eine aktive und verantwortliche Rolle bei der Leitung der Gemeinde zu. Es ist die

Eigentümlichkeit der Genfer Kirche, und es wird die Eigentümlichkeit aller calvinistischen Kirchenbildungen sein, dass in viel stärkerem Maße als in dem zur Pastorenkirche tendierenden Luthertum das kirchliche Leben auf der Aktivität von Laien beruht.

Calvin hat für die Durchsetzung seines Gemeindeideals einen fünfzehnjährigen aufreibenden Kampf innerhalb des Genfer Stadtstaates führen müssen. Erst mit der Verurteilung und Hinrichtung des Antitrinitariers Michael Servet im Jahre 1553, die von ihm gefordert wurden und für die er ein Gutachten Melanchthons beibringen konnte, setzte sich Calvin endgültig gegen die ihm feindlich gesonnene Genfer Bürgerpartei durch. Jetzt konnte er sich ungestört der Förderung der gesamtprotestantischen Reformationsbewegung widmen. Bis zuletzt unermüdlich tätig in Verkündigung, theologischem Unterricht und literarischer Produktion, durch einen ausgedehnten Briefwechsel mit vielen Ländern verbunden, starb Calvin 1564 im Genf.

In seiner Theologie ist Calvin nicht eigentlich schöpferisch gewesen. Er ist der Mann der zweiten reformatorischen Generation, der größte Schüler Luthers, dem er seine entscheidenden theologischen Erkenntnisse verdankt, dem er zeitlebens theologisch näher stand als dem Züricher Reformator. Aber als Luther-Schüler war Calvin zugleich der Theologe, der wie keiner sonst, Luthers Weggefährte Melanchthon eingeschlossen, den Reformator verstanden und von seinem reformatorischen Ansatz her ein selbständiges und einheitliches theologisches System zu entwerfen vermochte. Dabei hat Calvin – wie man es nimmt, über Luther hinausgehend oder hinter ihm zurückbleibend – jene theologischen Besonderheiten entwickelt, die der calvinistischen Theologie eine abweichende Färbung gegeben haben.

Auffällig ist zunächst sein biblizistische Ansatz. Calvin hat die Freiheit, mit der Luther zwischen Wort Gottes und Heiliger Schrift entscheiden konnte, nicht wiederzuerringen vermocht, sondern aufgegeben zugunsten eines Gehorsams gegenüber der Schrift, der jedes Bibelwort als offenbartes Gotteswort annimmt. Die Bibel als Ganzes bewahrheitet sich nach Calvin dem Glaubenden durch das innere Zeugnis des Heiligen Geistes *(testimonium spiritus sancti internum)*. Der Glaube kann nicht aufgrund äußerer Autorität angenommen werden. Auf der anderen Seite vertritt Calvin ein lehrgesetzliches Bibelverständnis. In der calvinistischen Orthodoxie, später auch in der lutherischen, kommt es zum Durchbruch und führte den Protestantismus in die Nähe einer Buchreligion.

Eine weitere Eigentümlichkeit der Theologie Calvins ist die strenge Fassung der Prädestinationslehre. Calvin hat den Zusammenhang von Rechtfertigung und Erwählung von Luther übernommen. Während Luther aber die Prädestinationslehre je länger und je mehr zurückschob, tritt sie in den späteren Auflagen der Institutio immer stärker in den Vordergrund. Systematische Konsequenz hat Calvin dabei bis zur Lehre von der doppelten Prädestination *(praedestinatio gemina)* geführt, der ewigen Vorherbestimmung eines Teils der Menschheit zum Heil, des anderen zum Verderben. Im konfessionellen Zeitalter ist die Prädestinationslehre zum theologischen Hauptstreitpunkt zwischen Calvinismus und Luthertum geworden, hinter den der Gegensatz in der Abendmahlslehre, wo Calvin sich dem Luthertum näherte und eine geistige Gegenwart Christi lehrte, zeitweilig zurücktrat.

Der *Syllogismus practicus,* das Gewahrwerden der göttlichen Erwählung an den Früchten des Glaubensgehorsams, hat bei Calvin noch keine selbständige, Gewissheit gebende Bedeutung; keinesfalls wird dadurch die Erwählungsgewissheit begründet, die für Calvin immer Glaubensgewissheit bleibt. Erst im späteren Calvinismus des 17. Jahrhunderts findet sich die populäre Anschauung, dass ein Christ an dem über seiner Berufstätigkeit liegenden Segen, dem Erfolg der Berufsarbeit, der göttlichen Erwählung gewiss werden könnte.

Durch die 1559 gegründete Akademie wurde Genf zu einer Pflanzschule, aus der Generationen von Theologen hervorgingen, die die calvinische Lehre nach Schottland, in die Niederlande und in die osteuropäischen Länder, ja bis in die Neue Welt getragen haben. Theodor Beza (1519–1605) wurde Calvins Nachfolger in der Leitung der Akademie der Genfer Kirche.

Ausbreitung des Calvinismus

In der *Schweiz* gelang es Calvin, theologische Differenzen zwischen dem von Zwingli geprägten Zürich und Genf sowie Bern im *Consensus Tigurinus* von 1549 auszugleichen.

Anders als das Luthertum, das als organisiertes Kirchentum fast überall mit Hilfe der Obrigkeit, durch Anordnung der Fürsten und Magistrate, eingeführt wurde, hat sich der westeuropäische Calvinismus »von unten« her, im harten, martyriumreichen Kampf gegen katholische Obrigkeiten durchsetzen müssen. Der calvinistische Prädestinationsglaube, weit entfernt eine quietistische Schicksalsergebenheit zu begünstigen, hat ungeahnte Energien, zuweilen einen fanatischen Kampfeseifer freigesetzt. Dabei ist Calvins Warnung vor dem gewaltsamen Widerstand der Unberufenen gegen die Obrigkeit bald vergessen worden. Der bewaffnete Widerstand wurde zum Kennzeichen des Calvinismus.

An der Spitze steht die reformatorische Bewegung in *Frankreich*. Die Geschichte des französischen Protestantismus ist die leidvolle Geschichte der Hugenotten (das Wort vermutlich vom schweizerischen »Eidgenossen« stammend). Auf der Nationalsynode von 1559 haben sich die französischen Protestanten, zu dieser Zeit ein Sechstel der Gesamtbevölkerung zählend, ein gemeinsames Bekenntnis *(Confessio Gallicana)* und eine eigene Kirchenordnung gegeben.

Dieser ersten Grundsteinlegung einer reformierten Nationalkirche folgt die Zeit schärfster Bekämpfung in den acht Hugenottenkriegen von 1562 bis 1598. Die Verfolgung gipfelte in der blutigen Bartholomäusnacht 1572 und fand ihr Ende im Edikt von Nantes 1598, in dem Heinrich IV. seinen ehemaligen Glaubensgenossen »für ewige Zeiten« die Glaubensfreiheit versprach. Den Hugenotten wird in ihren Gebieten der öffentliche Gottesdienst, das Errichten von Schulen und Universitäten erlaubt, religiöse Toleranz und weitgehende bürgerliche Parität zugestanden. Eine erstaunliche Blüte erlebt die theologische und historische Wissenschaft an den reformierten Akademien Saumur, Montauban und Sedan, die im 17. Jahrhundert auch von deutschen Lutheranern aufgesucht wurden. Trotz der allmählichen Einschränkung der protestantischen Freiheiten unter Kardinal Richelieu blieb der Calvinismus bis in die zweite Hälfte des 17. Jahrhunderts eine geistige und politisch bedeutende Macht in Frankreich. Erst die gewaltsame Rekatholisierungspolitik Ludwig XIV. führt zu einer spürbaren Dezimierung. Die von ganz Europa als Schande empfundene Revokationsakte von 1685, der Widerruf des Ediktes von Nantes, besiegelt das Schicksal der Hugenotten. Einem Teil gelang die Auswanderung nach den Niederlanden, Nordamerika, vor allem nach Deutschland.

Der brandenburgische Kurfürst Friedrich Wilhelm lädt durch das Edikt von Potsdam (1685) die Glaubensflüchtlinge ein, in seinem Land zu siedeln. Zu Tausenden strömen die »Réfugiés«, nach Brandenburg-Preußen, für den wirtschaftlich aufstrebenden brandenburgischen Staat ein unschätzbarer Gewinn. Um 1700 ist jeder dritte Einwohner Berlins Franzose. Im kulturellen und wissenschaftlichen Leben Preußens spielen die Hugenotten bald eine starke Rolle. Der sich gegen alte ständische Rechte durchsetzende brandenburgisch-preußische Absolutismus fand in den Hugenotten seine stärksten Stützen für das Militär und die Beamtenschaft.

Anders als in Frankreich hat sich in den *Niederlanden* der Calvinismus auf Dauer durchsetzen und die katholische Kirche aus der Position der Staatskirche verdrängen können. Dieser Sieg ist die Frucht des niederländischen Befreiungskampfes von 1566 bis 1609. Bekenntnismäßig durch die *Confessio Belgica* (1561) geeint, mit den von der spanischen Herrschaft sich emanzipierenden politischen Mächten verbunden, erstarkte der niederländische Calvinismus. Als niederländische Staatskirche hat der Calvinismus nicht einfach den alten Platz der katholischen Kirche eingenommen, sondern nur die Stellung einer öffentlich privilegierten, das Volksleben allerdings beherrschenden Religion erhalten. Neben dem Calvinismus besaßen die Lutheraner, die Mennoniten und andere protestantische Gruppen Religionsfreiheit, teilweise wurden auch die Katholiken toleriert. Die calvinistischen Niederlande sind im konfessionellen Zeitalter das erste europäische Land, in dem weitgehende Religionsfreiheit herrscht.

In *England* bildete sich seit ungefähr 1550 die calvinistisches Gedankengut aufnehmende Bewegung des Puritanismus, die die unter Heinrich VIII. von Rom losgelöste anglikanische Kirche von den katholischen Formen des Kultus und der Kirchenverfassung reinigen und dem Muster der reformierten Festlandskirchen angleichen wollte. Der Puritanismus stellte das gesamte Leben unter die Gebote der Heiligen Schrift. So folgerte er aus dem alttestamentlichen Sabbatgebot Regeln für strengste Sonntagsheiligung. Der Gehorsam gegenüber der Schrift trieb puritanische Gruppen zur Separation von der englischen Bischofskirche. Sie wanderten in die Niederlande aus, von wo die Pilgerväter 1620 nach Nordamerika segelten.

Der deutsche Calvinismus

Im Reich hat sich der Calvinismus nur in einzelnen Territorien und Städten ausbreiten können. An der Spitze steht die Pfalz, die 1560 unter Kurfürst Friedrich III. dem Calvinismus zugeführt wurde, der in der Heidelberger Universität ein geistiges Zentrum errichtete. Dazu kommt 1577/1578 Nassau-Dillenburg, dessen 1584 gegründete Hohe Schule Herborn im konfessionellen Zeitalter mit Genf und den niederländischen Universitäten konkurrierte.

Calvinistisch wurde eine beträchtliche Zahl kleinerer Grafschaften und Herrschaften vor allem im westdeutschen und nordwestdeutschen Gebiet, dichter zusammengedrängt an der niederländischen Grenze im Rheinland und in Westfalen. Schon früh war das Gebiet um Emden dem Calvinismus zugefallen. Im mitteldeutschen Raum wurde Anhalt reformiert.

Zum reformierten Glauben trat schließlich 1613 das brandenburgische Herrscherhaus der Hohenzollern über, deren Staat nach dem Dreißigjährigen Krieg zur bedeutendsten protestantischen Macht des Reiches aufstieg. Johann Sigismund von Brandenburg verzichtete jedoch bei seinem Religionswechsel auf das Recht, die Religion seiner Untertanen zu bestimmen. So war der Calvinismus in Brandenburg-Preußen, abgesehen von den westdeutschen Gebietsteilen, auf die obere Führungs- und Beamtenschicht beschränkt, während die breite Masse der Bevölkerung lutherisch blieb.

Der Calvinismus musste sich bei seiner Ausbreitung in Deutschland dem als Reichsgesetz geltenden Augsburger Religionsfrieden unterstellen, der für die Anhänger des Augsburgischen Bekenntnisses galt. Eigene Bekenntnisse, wie sie der westeuropäische Calvinismus überall bildete, konnten hier nicht entstehen. Der deutsche Calvinismus hat Kirchenordnungen hervorgebracht, von denen die Kirchenordnung der

Kurpfalz (1563) den »Heidelberger Katechismus« enthält. Er hat in der deutschen reformierten Kirche fast den Rang einer Bekenntnisschrift eingenommen, sein Verbreitungsgebiet reicht weit über die deutschen Grenzen hinaus. Im Auftrag des Kurfürsten von der Pfalz als ein Unionskatechismus zwischen Lutheranern und Reformierten in Auftrag gegeben, bringt der Heidelberger Katechismus die Lehre Calvins nur in abgeschwächter Form. Die strenge Prädestinationslehre ist nicht enthalten. So ergibt sich in Deutschland eine vom westeuropäischen unterschiedene, dem Luthertum angenäherte Form des Calvinismus. Nur in den nordwestdeutschen, den Niederlanden benachbarten Gebieten (Emden) hat die strenge reformierte Orthodoxie Fuß fassen können.

6 Die politische Durchsetzung der Reformation

6.1 Suche nach Lösungen

Theoretische Lösungsmöglichkeiten

Für die Lösung der Religionsfrage waren grundsätzlich mehrere Möglichkeiten denkbar. Anfänglich wurde von allen Seiten ein allgemeines Konzil als der geeignete Weg angesehen. Je länger jedoch diese Lösung hinausgezögert wurde, umso weniger schien sie brauchbar zu sein. Als das Konzil endlich zusammentrat, war diese Chance längst vertan.

Eine anderes Mittel wäre die Reglung der Religionsfrage auf nationaler Ebene gewesen. Ein Nationalkonzil wurde jedoch sowohl vom Papst wie vom Kaiser verhindert. Es blieben die Religionsgespräche, die jeweils vom Reichstag beschlossen wurden. Konnte aber ein politisches Gremium religiöse Probleme lösen? Die alte Kirche akzeptierte diesen Weg nicht, und er brachte in der Tat auch keine brauchbaren Ergebnisse.

Da sich nach 1530 die Religionsparteien in zwei militärischen Machtblöcken organisierten, bestand auch die Option, die Frage kriegerisch zu entscheiden. Dies hat Karl V. 1547 versucht, ohne dass es ihm gelang, den Protestanten seinen Willen aufzwingen zu können. Realistisch blieb letztlich nur eine politische Lösung, die unter Ausschluss der theologischen Fragen einen Modus vivendi zu finden hatte.

Scheitern einer schnellen Konzilslösung

Der Ruf nach Reformation, der mit der Theologie Luthers verknüpft war, bezog sich zunächst auf die innerkirchliche Situation. Luthers theologischer Erneuerungswille stützte sich ganz auf die Autorität der Heiligen Schrift. Im Zeitalter des Humanismus mit seinem Ruf zurück zu den Quellen hatte Luther hier eine Autorität ins Spiel gebracht, von der aus alle bestehenden kirchlichen und weltlichen Herrschaftsansprüche hinterfragt werden konnten. Die sprachliche Überzeugungskraft seiner Schriften und die Autorität, die sie von der Schrift her gewannen, führten dazu, dass der Ruf nach Reform der Theologie und der Kirche zur Initialzündung wurde für Reformbestrebungen auf allen Gebieten des öffentlichen Lebens. Solche Reformbemühungen hatte es seit vielen Jahrzehnten gegeben. Im Streit um Luther fanden die unterschiedlichen Reformbestrebungen in den Jahren zwischen 1517 und etwa 1525/1530 zu einer Bündelung, die zu der großen Durchschlagskraft führte, die die reformatorischen Ansätze gewannen. Martin Luther und seine Theologie waren der unverwechselbare und unersetzbare Ausgangspunkt der reformatorischen Bestrebung. Jedoch verbanden sich hiermit verschiedene, von Luther weder vorausgesehene noch gewollte Ansprüche. Wenn auch im Bewusstsein der Öffentlichkeit in der ersten Hälfte des 16. Jahrhunderts die theologische Frage beherrschend blieb, so gewannen doch in der praktischen Politik weitere Reform- und Veränderungswünsche zusehends die Oberhand.

Die theologischen Reformbemühungen blieben deshalb solange wirkmächtig, weil es nicht gelang, diese Fragen schnell zu lösen, etwa dadurch, dass man sie auf einem Konzil, so wie es Luther und andere Reformatoren forderten, behandelt hätte. Für die Durchsetzung der Reformation waren aber schließlich politische Faktoren entscheidend. Luther und sein reformatorischer Anspruch wurden im Lauf der Zeit zu einem

Politikum ersten Ranges. Der Aufbau eines eigenen lutherischen Kirchenwesens wäre ohne Bewilligung und Förderung seitens einiger Reichsstände undenkbar gewesen. Die Reichsstände waren zum Aufbau eines eigenen Kirchenwesens in der Lage, obwohl der 1519 gewählte Kaiser Karl V. sich entschieden gegen Luther aussprach und eine konsequente katholische Haltung vertrat. Nach dem Reichstag von Worms 1521 musste er aber wegen des politischen Kampfes um Mailand mit den Franzosen das Reich für fast zehn Jahre verlassen. Er konnte sich um die innerdeutschen Angelegenheiten und die entstehenden Fronten zwischen katholischen und lutherisch gesinnten Fürsten in deisen Jahren nur wenig kümmern.

Eine einvernehmliche Lösung der reformatorischen Frage zwischen Kaiser und Papst scheiterte daran, dass der Papst in der Auseinandersetzung von Habsburg und Frankreich auf Seiten der Franzosen stand. An der römischen Kurie trat eine neue Situation ein, als Papst Leo X. am 1. Dezember 1521 starb. Zu seinem Nachfolger wurde im Januar 1522 Hadrian VI. gewählt. Er war damals Kardinal und Bischof von Tortosa in Spanien. Geboren war er 1459 in Utrecht. Von 1507 bis 1515 war er auf Weisung Kaiser Maximilians Erzieher von dessen Enkel Karl, der dann 1519 als Karl V. selbst Kaiser wurde. Es ergab sich hier nun die Möglichkeit, dass ein mit dem Kaiser harmonisierender Papst einen entscheidenden Beitrag zur Durchführung berechtigter Reformationsforderungen und damit zur Vermeidung einer Kirchenspaltung hätte leisten können. Hadrian war theologisch gut gebildet, persönlich war er fromm und lebte asketisch. Als der neue Papst Ende August 1522 in Rom eintraf, legte er in seiner ersten Rede vor den Kardinälen sein Programm in zwei Punkten dar: Einigung der Fürsten im Kampf gegen die Türken; Reform der Kurie.

Dem nichtitalienischen neuen Papst gelang es jedoch nicht, das Vertrauen der Kurie für eine Mitarbeit an der Reform zu gewinnen. Dies hielt ihn aber nicht davon ab, selbst initiativ zu werden. Auf dem Nürnberger Reichstag 1522/1523 ließ der Papst durch seinen Legaten ein Schuldbekenntnis vortragen, in dem er die Missstände in der Kirche als Ursache der »lutherischen Ketzerei« brandmarkte. Allerdings ging er nicht soweit, neue theologisch unvoreingenommene Überprüfungen der von Luther aufgeworfenen Fragen anzubieten. Im Gegenteil, er forderte die Durchführung des Wormser Edikts. Die lutherisch gesinnten Fürsten waren nicht bereit, Bann und Acht zu akzeptieren, so kam erneut der Konzilsgedanke ins Spiel. Ihm stimmten auch katholische Gesandte zu. Noch bevor der Papst sich hierzu äußern konnte, starb er bereits am 14. September 1523.

Nachfolger Hadrians wurde ein Vetter seines Vorgängers Leo X., Kardinal Giulio di Medici als Clemens VII. (1523–1534). Er war ein entschiedener Gegner des Konzilgedankens. Er handelte und dachte als italienischer Landesfürst. Dynastische Interessen veranlassten ihn, die päpstliche Neutralität zwischen Frankreich und Habsburg aufzugeben und offen ein Bündnis mit den Gegnern des Kaisers einzugehen.

Angesichts dieser Lage versuchte der zweite Nürnberger Reichstag vom Frühjahr 1524 eine Lösung auf nationaler Basis. Die versammelten Stände verlangten ein deutsches Nationalkonzil, das noch 1524 in Speyer stattfinden sollte. Dieser Vorschlag veranlasste viele evangelische Gemeinden zur Abfassung von Bekenntnissen, die man auf diesem Konzil vortragen wollte, es sind die so genannten »Fränkischen Bekenntnisse«, die ersten Dokumente dieser Art und Vorstufen der späten *Confessio Augustana.* Der Papst jedoch und ebenso der Kaiser untersagten die Abhaltung eines solchen Nationalkonzils, weil Glaubensfragen nur für die Gesamtchristenheit gelöst werden könnten. Der Kaiser schrieb: »Wie kann eine einzelne Nation es wagen, die kirchlichen Ordnungen zu ändern!«

Da eine Gesamtlösung nicht in greifbarer Nähe war, kam es im Reich zu den ersten konfessionellen Sonderbündnissen.

Katholische Fürsten schlossen sich zusammen, um eine Durchführung des Wormser Edikts und die Inangriffnahme einer innerkatholischen Reform zu ermöglichen. Eine erste lockere Übereinkunft stellte das Regensburger Bündnis vom Juli 1524 dar, zu der einige süddeutsche Fürsten unter Führung von Bayern und Salzburg zusammenfanden. In Norddeutschland schlossen sich katholische Fürsten am 19. Juli 1525 zum Dessauer Bündnis zusammen: Mainz, Brandenburg, Sachsen, Braunschweig. Anlass war der vorausgegangene Bauernkrieg. Man wollte sich vor weiteren Übergriffen der »lutherischen Sekte«, die »Wurzel des Aufstandes« gewesen sei, schützen.

6.2 Die Reichstage und die Religionsfrage

Die Reichstage von 1518 bis 1525

Von Anfang an war die reformatorische Bewegung ein »Politikum« und wurde auch auf den Reichstagen behandelt. 1518 fand am Rande des Reichstages in Augsburg das Gespräch zwischen Cajetan und Luther statt. In Worms 1521 legte Luther seine Bekenntnis vor »Kaiser und Reich« ab und verkündete der Kaiser das »Wormser Edikt«. Mit der Umsetzung des Wormser Edikts befassten sich die beiden folgenden Reichstag in Nürnberg, ohne dass die Reichsstände bei Abwesenheit des Kaisers eine für alle verbindliche Lösung fanden.

Der Speyrer Reichstag 1526

Den Reichstag von Speyer 1526 wollte Kaiser Karl V. dazu nutzen, um das Wormser Edikt endgültig durchzusetzen und jegliche kirchliche Veränderung bis zu einem künftigen Konzil zu verhindern. Kämpfe mit Frankreich im Westen (Liga von Cognac 22. Mai 1526) und den Türken im Osten (Sieg der Türken bei Mohacs) schwächten die kaiserliche Position. Im Speyrer Reichstagsabschied vom 27. August 1526 traf man daher folgende Vereinbarung, die den Lutheranern entgegenkam: In Bezug auf das Wormser Edikt kamen die Stände überein, bis zur Abhaltung des Konzils mit ihren Untertanen »also zu leben, zu regieren und zu halten, wie ein jeder solches gegen Gott und kaiserliche Majestät hoffet und vertrauet zu verantworten«.

Mit dieser Bestimmung des Reichstagsabschieds war kein Landeskirchentum im Sinn des späteren Religionsfriedens von 1555 intendiert, jedoch handelten einige evangelisch gesinnte Fürsten faktisch nach dieser Vorstellung. Sie sahen in diesem Abschied den Startschuss zur Einführung eines evangelischen Kirchenwesens in ihren Territorien. Es begann das, was man mit dem Schlagwort »Fürstenreformation« bezeichnet.

Der Versuch der Obrigkeiten, Zugriff auf das Kirchenwesen ihrer Territorien zu erhalten, setzte im Spätmittelalter ein. Die Landesfürsten, aber auch städtische Obrigkeiten, versuchten, die bischöfliche Jurisdiktion in ihren Territorien zurückzudrängen, Einfluss auf die Bestellung der Pfarrer und eine Aufsicht über das Kirchengut und seiner Verwendung zu erhalten. Man spricht vom Streben nach einem landesherrlichen Kirchenregiment. Die Reformation beschleunigte diese Vorgänge. Da die Bischöfe reformunwillig waren, übernahmen die Obrigkeiten deren Aufgaben und richteten eigene, vom Bischof unabhängige Kirchenwesen in ihren Territorien ein. In katholischen Territorien gab es vergleichbare Bestrebungen, wenn auch hier die bischöfliche Struktur und der Zusammenhang mit der Gesamtkirche gewahrt blieben.

Der Speyrer Reichstag 1529

Nachdem die katholischen Stände erlebt hatten, dass die speyrische Formel von 1526 von den lutherischen Fürsten als Berechtigung zur Einführung neuer Kirchenordnungen verstanden worden war, versuchten sie vom Kaiser eine Änderung dieser Zustände zu erreichen. Für das Frühjahr 1529 wurde erneut ein Reichstag nach Speyer einberufen. Um ein weiteres Vordringen der Reformation im Reich zu verhindern, beschloss die katholische Reichstagsmehrheit unter Führung des kaiserlichen Bruders Ferdinand die Aufhebung des speyrischen Abschieds von 1526.

Man wollte keine Konfrontation mit den evangelischen Landesherren und war deshalb bereit, die bisher durchgeführten Reformen vorerst zu tolerieren. Es sollte aber verhindern, dass weitere Reformen durchgeführt würden, vor allem dass weitere Territorien eigene Kirchenordnungen aufstellten und sich damit aus dem Verband der katholischen Kirche lösten. Außerdem wurde gefordert, dass in den reformierten Gebieten die katholische Messe wieder zugelassen werden müsse. Gegen diesen Beschluss der großen Reichstagsmehrheit legten die evangelischen Reichsstände am 19./20. April 1529 »Protest« ein. Dieser Protest brachte ihnen den bis heute gebräuchlichen Namen »Protestanten« ein. Es protestierten fünf Fürstentümer (Hessen, Kursachsen, Brandenburg-Ansbach, Braunschweig-Lüneburg, Anhalt) und 14 Städte (u. a. Straßburg, Nürnberg, Ulm, Konstanz). Es war eine kleine Minderheit unter den über 400 Reichsständen. Sie argumentierten reichsrechtlich, ein einheitlich gefasster Beschluss könne nicht von einer Mehrheit kassiert werden, und religiös, indem sie sich in Glaubensfragen auf die Freiheit des Gewissens beriefen.

Das Marburger Gespräch 1529

Zwischen den verschiedenen protestantischen Gruppen war es zu theologischen Streitigkeiten gekommen. Über die Abendmahlsfrage hatten Luther und Zwingli in den Jahren 1526 bis 1528 eine Serie von heftigen Streitschriften ausgetauscht. Unter ihnen ragt durch Umfang und Gehalt Luthers großes Bekenntnis vom Abendmahl (»Vom Abendmahl Christi, Bekenntnis«, 1528) heraus. Während des Reichstages 1529 war politisch zwischen Anhängern Luthers und den Zwinglianern unterschieden worden. Philipp von Hessen, der politische Kopf der evangelischen Fürsten, wollte das eigene Lager stärken durch einen Zusammenschluss zwischen den lutherischen Ständen und den zwinglianischen Schweizern sowie süddeutschen Ständen. Dies ist der politische Hintergrund des Marburger Gesprächs vom 1. bis 4. Oktober 1529.

An dem Gespräch nahmen die bedeutendsten Theologen der Reformation teil: Martin Bucer aus Straßburg, Johannes Brenz aus Schwäbisch-Hall, Andreas Osiander aus Nürnberg. Disputiert haben aber nur die beiden Wittenberger Martin Luther und Philipp Melanchthon und die beiden Schweizer Huldrych Zwingli und Johannes Ökolampad. In 14 Punkten konnte man sich einigen, nicht aber in der eigentlichen Streifrage. Luther hatte mit Kreide die Worte: »Das ist mein Leib« auf den Tisch geschrieben. Der Dissens über die Realpräsenz konnte nicht ausgeräumt werden.

Die von Philipp erhoffte Einigkeit aller Evangelischen kam nicht zustande, weil nicht alle theologischen Differenzen beseitigt werden konnten. Auf dem folgenden Reichstag 1530 in Augsburg setzten sich infolgedessen die Lutheraner bewusst und deutlich von den Zwinglianern ab.

Der Augsburger Reichstag 1530 und die Confessio Augustana (CA)

Kaiser Karl V. – die Kaiserkrönung war gerade in Bologna vollzogen worden – kehrte nach fast zehnjähriger Abwesenheit ins Reich zurück, um am Reichstag in Augsburg teilzunehmen. Wegen der drohenden Gefahr eines Türkenkrieges, benötigte er Geschlossenheit im Inneren und die finanzielle Hilfe aller Stände. Sein Reichstagsausschreiben war daher sehr mild formuliert und kündigte unter anderem an, es solle darüber beraten werden »wie der Irrungen und dem Zwiespalt in dem heiligen Glauben und der christlichen Religion« zu begegnen sei. Dazu wollte er »eines jeden Gutdünken, Opinion und Meinung in Liebe und Güte zu hören, zu verstehen und zu erwägen Gelegenheit geben«.

Die evangelischen Reichsstände wollten in Augsburg die inzwischen in ihren Ländern eingeführten kirchlichen Neuerungen rechtfertigen. Zur Vorbereitung auf den Reichstag bestellte der sächsische Kurfürst im März 1530 die Wittenberger Theologen nach Torgau ein. Das dort erstellte Gutachten (Torgauer Artikel), verteidigte die eingeführten Neuerungen. Es hat seinen Niederschlag im zweiten Teil der CA (Art. 22–28) gefunden.

In Augsburg angekommen, fanden die sächsischen Theologen (Luther musste auf der Coburg zurück bleiben), an ihrer Spitze Philipp Melanchthon, 404 Artikel des kämpferischen katholischen Theologieprofessors Johannes Eck vor. Melanchthon erkannte nun die Notwendigkeit, die Hauptpunkte der evangelischen Lehre darzulegen und ihre Übereinstimmung mit der christlichen Tradition aufzuzeigen. So entstand der erste Teil der CA (Art. 1–21), der ein kleines Kompendium der evangelischen Lehre darstellt.

Die beiden Teile der CA machen deutlich, dass dieses Bekenntnis ebenso sehr Dokument der Einheit wie der Erneuerung der Kirche sein will. Es ist darauf bedacht, die Übereinstimmung mit der altkirchlichen Tradition zu wahren und in stetem Rückgriff auf die Heilige Schrift seine Aussagen zu begründen. Die CA versteht sich damit selbst als ein gesamtchristliches Zeugnis, das sich auf die Gestalt Jesu Christi und auf sein Werk als der Grundlage des Evangeliums beruft und daraus die praktischen Konsequenzen für das kirchliche Leben ableitet.

Durch die katholische Antwort, die *Confutatio*, erklärte der Kaiser die Protestanten für widerlegt. Dennoch ließ er im August und September beide Seiten miteinander verhandeln, da seine politischen Reichstagsziele (Türkenhilfe, Wahl Ferdinands zum König) noch nicht erreicht waren. Während dieser Verhandlungen gelangten beide Seiten zu einer fast vollständigen Einigung in den Lehrfragen auf der Grundlage von CA 1–21. Nie wieder (bis heute) kam man so nahe zueinander. Martin Luther sagte später: »Ich habe Sorge, dass wir niemals wieder so nahe zusammenkommen werden wie in Augsburg«. Johann Eck, der streitbare katholische Professor aus Ingolstadt und erbittertsten Luthergegner, bestätigte dies, wenn er meinte, dass man in Augsburg in der Sache durchaus einig gewesen sei; geblieben sei allein ein Streit um Worte. Leider ist es in Augsburg damals nicht gelungen, die übereinstimmenden Lehren in einem von beiden Seiten verantworteten Dokument festzuhalten. Im Hintergrund standen aber freilich auch eine Reihe strittiger Probleme, die in der CA gar nicht erwähnt sind und daher nicht verhandelt wurden: die Stellung des Papstes in der Kirche, die Lehre vom Fegfeuer, vom Ablass, die Siebenzahl der Sakramente und die besondere Verehrung Marias.

Reichspolitisch gewann die CA Bedeutung vor allem auf dem Augsburger Reichstag von 1555. Denn nur die Anhänger der CA erhielten vom Kaiser den politischen Frieden zugesichert. Als schon zu Lebzeiten Luthers, vor allem aber nach seinem Tod innerhalb des Protestantismus Lehrstreitigkeiten ausbrachen (Gnesiolutheraner, Philippisten, Majoraner, Synergisten), erlangte die CA die Bedeutung einer Einigungsschrift verschiedener theologischer Richtungen im Luthertum. 1577 einigte man sich auf der Grundlage der CA auf eine von Jakob Andreae (gest. 1590) entworfene Konkordienformel (sie betraf die innerprotestantischen Streitpunkte über Erbsünde, freien Willen, Rechtfertigung, gute Werke, Gesetz und Evangelium, *tertius usus legis,* Abendmahl, Person und Höllenfahrt Christi, Adiaphora, Prädestination und Sektenwesen). 1580 wurde zum fünfzigjährigen Jubiläum der CA die neue Konkordienformel zusammen mit den schon üblichen Bekenntnisschriften der Lutheraner – den drei altchristlichen Symbolen, der CA, der Apologie, Luthers Schmalkaldischen Artikeln und Luthers Katechismen sowie mit Melanchthons Traktat *De potestate et primatu papae* – zum Konkordienbuch zusammengestellt.

Die CA wurde im Ringen um die lutherische Bekenntnisbildung abgeändert, ergänzt, mit anderen Bekenntnisschriften zusammengestellt und dabei unterschiedlich, aber in jedem Fall antikatholisch interpretiert. Dies haben die Lutheraner nicht als Änderung ihrer Meinung, sondern als Präzisierung ihrer Überzeugung verstanden. Die Tendenz zu Verschärfung und Abgrenzung wurde auch in den verschiedenen Religionsgesprächen sichtbar, die – meist auf Veranlassung des Kaisers oder anderer weltlicher Obrigkeiten – zwischen Lutheranern und Katholiken geführt wurden: Als einer der führenden katholischen Theologen, Johannes Eck, auf dem Religionsgespräch in Hagenau 1540 ein Verzeichnis der 1530 in Augsburg verglichenen Artikel vorlegte, lehnte die protestantische Partei dies mit der Begründung ab, ihr sei nichts von dieser Einigung bekannt und verlangte einen neue Diskussion über die ganze CA. Auch die folgenden Religionsgespräche in Worms und Regensburg scheiterten. Ebenso vergeblich waren Religionsgespräche auf der Grundlage der CA in Polen (Jan Laski, Königsberg 1558; *Colloquium caritativum,* Thorn 1645) oder in Frankreich (Poissy 1561).

6.3 Exkurs: Das evangelische Landeskirchentum

Obwohl die lutherische Theologie vor allem durch die Predigt und durch Flugschriften verbreitet wurde und große Zustimmung fand, kam es in den frühen zwanziger Jahren noch kaum irgendwo zu einer durchgreifenden Neueinrichtung des Kirchenwesens. Die frühe reformatorische Bewegung war eine Predigtbewegung. Die Einrichtung eines eigenen evangelischen Kirchenwesens war eine politische Entscheidung, die nicht ohne die Obrigkeit durchgeführt werden konnte. Frühe Beispiele dafür, dass die Obrigkeit die Reformation zu ihrer eigenen Angelegenheit erklärte, finden sich in den süddeutschen Städten.

In Zürich nahm der Rat der Stadt nach der ersten Züricher Disputation vom Januar 1523 die Reformation in eigene Regie. Man löste sich von der zuständigen Jurisdiktion des Konstanzer Bischofs und ordnete das Kirchenwesen nach eigenen Vorstellungen. Die Pfarrer erhielten seitens des städtischen Rates das Gebot zur evangelischen Predigt. Angeordnet wurde die Entfernung von Bildern aus den Kirchen, außerdem wurden die Seelenmessen untersagt. Das Züricher Beispiel strahlte auf andere Städte aus, so vor allem auf Straßburg und Konstanz.

In Nürnberg, dessen führende Theologen stärker von Luther geprägt waren, beugte sich der Rat dem Druck der Bevölkerung nach Einführung reformatorischer Erneuerungen. Seit Ausbruch des Bauernkrieges nahm er die Dinge selbst in die Hand und führte obrigkeitlich die Reformation in Nürnberg ein. Die Predigt wurde vereinheitlicht. Gepredigt werden sollte nur noch das reine Wort Gottes. Der *Canon Missae* wurde beseitigt, die Exemtion der Geistlichen aufgehoben. Weitere Maßnahmen ordneten das kirchliche Vermögen. Die durch den Wegfall der Privatmessen frei werdenden Stiftungsgelder wurden in den »Gemeinen Kasten« oder Gotteskasten überführt, aus dem die Nürnberger Armenfürsorge bestritten wurde. In Norddeutschland waren es vor allem die Städte Magdeburg und Stralsund, deren Stadträte sich frühzeitig an die Spitze der reformatorischen Bewegung setzten.

Nach dem Speyrer Reichstag von 1526 waren es vor allem weltliche Landesherrn, die den Übergang ihrer Territorien zur Reformation unternahmen. Die weltlichen Herren konnten durch die Einführung der Reformation in ihrem Territorium ihre eigene Machtbasis stärken. Die Einführung der Reformation bedeutete nämlich die Unabhängigkeit von der Jurisdiktion der Bischöfe. Die rechtliche Aufsicht über die Kirche und das Kirchenvermögen lag nunmehr beim Landesherrn. Dies musste, da das kirchliche Vermögen rund ein Drittel des Grundbesitzes ausmachte, zu einer erheblichen Machtsteigerung führen. Wenn es auch bisweilen zu einer Bereicherung der Fürsten auf Kosten des kirchlichen Gutes kam, so wurde doch gewöhnlich das eingezogene Kirchengut, vor allem das Klostergut, für kirchliche, soziale und pädagogische Zwecke verwendet. Auch weltliche Landesherrn, die prinzipiell an der katholischen Kirche festhielten, versuchten, das Kirchenwesen in ihren Territorien nun stärker nach eigener Regie zu ordnen. Auch wenn es vielleicht nicht von Anfang an intendiert war, so bewirkte doch gerade der Aufbau von kirchlichen Parallelstrukturen die Entstehung von einander abgegrenzten Konfessionen.

Obwohl einige Städte bereits vor dem Speyrer Reichstag die Reformation eingeführt hatten, wurde die Übernahme einer reformatorischen Ordnung in den großen Territorien Kursachsen und Hessen nach 1526 für die Fortentwicklung der Reformation entscheidend. Kursachsen war das Territorium, in dem Luther lebte. Sein Landesherr Friedrich der Weise hatte, obwohl er der Reformation nahe stand, sich mit Ausnahme von einigen liturgischen Reformen nicht für ein neues Kirchenwesen erwärmen können.

Luther selbst hatte sich 1523 in verschiedenen Schriften zum Verhältnis von weltlicher und geistlicher Obrigkeit geäußert. In diesen Schriften hatte Luther seine so genannte »Zwei-Reiche-Lehre« entwickelt. Hier tritt er je für die Eigengesetzlichkeit des weltlichen und geistlichen Bereichs ein. Die weltliche Obrigkeit, zu der nicht nur der Staat, sondern auch Familie, Schule usw. gehören, sollte für den äußeren Frieden und das Recht sorgen, und zwar mit dem Schwert, d. h. mit den Mitteln der ihr allein zustehenden Zwangsgewalt. Die geistliche Obrigkeit dagegen, die Amtsträger der Kirche also, sollten das Wort Gottes verkünden und die Sakramente verwalten. Ihre Autorität sollte sich allein auf das Wort Gottes gründen.

Dieser Ansatz Luthers hat sich nicht einmal in der Theorie durchhalten können. Später gibt es gerade in geschlossenen evangelischen Gebieten, vor allem in Norddeutschland, eine strenge Kirchenzucht. Luther konnte sich auch nicht der Argumentation versagen, dass eine gewisse Neuorganisation des reformatorischen Kirchenwesens erforderlich sei, da die eigentlich zuständigen Bischöfe ihren Aufgaben nicht nachkamen. Für diese Neuorganisation musste man sich mangels anderer organisatorischer Mittel auf die weltliche Obrigkeit mit ihrem Verwaltungsapparat stützen.

Die theoretische Legitimation hierzu findet sich 1528 in der berühmten Vorrede Luthers zum »Unterricht der Visitatoren an die Pfarrherrn im Kurfürstentum Sachsen«. Hier wird die Konzeption vom Landesfürsten als einem Notbischof, der sich um der Liebe willen ohne irgendeine Zwangsgewalt der kirchlichen Neuordnung annehmen solle. Dieser Vorbehalt, nämlich nur in Zeiten der Not solle der Landesherr sich kirchlicher Aufgaben annehmen, hat sich nirgendwo durchgehalten. Vielmehr haben die weltlichen Obrigkeiten, Fürsten wie städtische Räte, die Organisation des neuen Kirchenwesens durchweg als ihre unmittelbare Aufgabe und als ihr Recht wahrgenommen. Die Vorformen des landesherrlichen Kirchenregiments im Spätmittelalter setzen sich in diesem Punkt zugunsten der Obrigkeit voll durch. Es bleibt allerdings zu beachten, dass die

Landesherren sich jeweils hauptsächlich um die äußere Seite der Kirche, d. h. um die Organisation, die Einsetzung in die Ämter, die Vermögensverwaltung und ähnliche Dinge bemühten. Die inhaltliche Seite, d. h. die Lehrbekenntnisse und die Verkündigungen, blieben Sache der Theologen. Im Prinzip wurden hier zwei Funktionen, die in der katholischen Kirche in der Hand des einen Bischofs vereinigt sind, auf verschiedene Institutionen aufgeteilt, die aber letztlich unter der Befehlsgewalt des Landesherrn standen.

In der konkreten Entwicklung kam es aber dazu, dass die Landesherren die führende Rolle bei der Gestaltung der Kirche innehatten. Sie waren es, die über die Einsetzung der Pfarrer bestimmten. Dort, wo kirchliche Einrichtungen zur Überwachung der Kirchenzucht entstanden, entwickelten sie sich im Laufe der Zeit zu mehr oder weniger unverhohlenen Polizeibehörden im Dienste der weltlichen Obrigkeit.

Wichtigstes Instrument zur Ausbildung des evangelischen Kirchenwesens waren die Visitationen. Man knüpfte auf den Vorschlag Luthers an die altkirchliche Institution der Kirchenvisitation an, die aber schon lange vernachlässigt worden war. Erste größere Visitationen fanden 1526 im Herzogtum Preußen statt. Es folgten Visitationen in Kursachsen, Hessen, Brandenburg-Ansbach, Braunschweig-Lüneburg und anderen fürstlichen Territorien.

Einen gewissen Abschluss im Aufbau eines eigenen obrigkeitlichen Kirchenwesens bildete dann der förmliche Erlass von Kirchenordnungen in bestimmten Territorien. Die früheste ist wiederum für das Herzogtum Preußen im Jahr 1525 bekannt. Es folgten Ordnungen des Markgrafentums Brandenburg-Ansbach und der Reichsstadt Nürnberg 1528. Kurz darauf verfasste Bugenhagen eine Kirchenordnung für Braunschweig. Die Schwerpunkte der kirchlichen Neuordnung in den Territorien und Städten bestanden im wesentlichen in sechs Maßnahmen (nach Horst Rabe):

1. Verfestigung der Lehrgrundlage

Als verbindliche Grundlage der evangelischen Kirchenlehre galt anfangs allein die Heilige Schrift. Es zeigte sich aber bald, dass dies für ein geordnetes Kirchenwesen nicht ausreichte. Man brauchte eine knappe charakteristische Zusammenfassung. Sie lag vor in der *Confessio Augustana* von 1530. Später kamen andere Bekenntnisse hinzu, vor allem Luthers Großer und Kleiner Katechismus.

2. Neuordnung des Gottesdienstes

Die Visitationen in den evangelischen Territorien verfolgten vor allem eine Neuordnung und Vereinheitlichung des Gottesdienstes. Für die lutherischen Kirchen wurde vorbildlich Luthers »Deutsche Messe und Ordnung des Gottesdienstes« aus dem Jahr 1526. Der Aufbau der Messe wurde beibehalten, lediglich der Messkanon wurde gestrichen und alle Hinweise auf ihren Opfercharakter. Es blieben aber die Einsetzungsworte. Die Predigt erhielt einen zentralen Platz. Der Laienkelch wurde selbstverständlich. Der muttersprachliche Gemeindegesang zog in die Liturgie ein.

3. Versorgung der Gemeinden mit tüchtigen Pfarrern

Zunächst wurde verlangt und auch Vorsorge dafür getragen, dass die Pfarrer hinreichend ausgebildet waren und vor allem sich in der Exegese genügend auskannten, damit sie entsprechend predigen konnten. Neugeordnet werden musste die wirtschaftliche Versorgung der Pfarrer. Da die evangelischen Pfarrer zumeist verheiratet waren, musste die Ausstattung für eine ganze Familie ausreichen. Für die Besoldung der Pfarrer, aber für andere kirchliche Aufgaben ebenfalls, wurde ein so genannter »Gemeiner Kasten« errichtet. Er geht auf Luthers Vorschläge schon aus den frühen zwanziger Jahren zurück. Er besteht in der Vereinigung aller kirchlichen Pfründen und Stiftungen, Zinsen und Gefälle der Pfarreien in eine gemeinsame

Kasse. Aus ihr wurde die Pfarrbesoldung bestritten. Um eine gute Ausbildung der Pfarrer zu sichern, wurden neue Studiengänge konzipiert. Für den Ausbau des evangelischen Bildungswesens, das auf diese Weise entstand, hat sich vor allem Philipp Melanchthon große Verdienste erworben. Er schuf die Grundlagen für die Organisation und für den Studienbetrieb der protestantischen Universitäten. Während der Visitationen wurde das Wissen der Pfarrer überprüft. Dieses evangelische Bildungsprogramm hatte großen Erfolg. Bis in unser Jahrhundert hinein wurde das evangelische Pfarrhaus zu einer wahren »Bildungsbrutstätte« in der Nation.

4. Maßnahmen zur Förderung des Schulwesens

Die Reformatoren waren nicht nur an einer verbesserten Ausbildung der Pfarrer interessiert, sondern prinzipiell an einer Reform des Bildungswesens. Dieses bezog sich sowohl auf die Universitäten wie auch auf die Schulen. Schon im Mittelalter lag das Bildungswesen vornehmlich in Händen der Kirche. Die Reformation nahm sich nun in völlig neuer und intensiver Form der Schulen an. Die Kirchenordnungen der einzelnen Territorien enthielten konkrete Angaben über die Einrichtung eines neuen Schulwesens. Ausgestattet wurden die Schulen aus den Finanzmitteln des Gemeinen Kastens. In den evangelischen Territorien standen die Schulen unter der Aufsicht der weltlichen Territorien, sie waren »Staatsschulen«. Es wurde darauf geachtet, dass die Ausbildung die Kinder sowohl für den geistlichen Stand wie auch für weltliche Berufe qualifizierte. Die alten Sprachen, Latein vor allem, aber auch Griechisch und Hebräisch, standen im Mittelpunkt des Unterrichts. Die deutsche Sprache war kein Unterrichtsfach. Geschichte, Geographie, aber auch Mathematik kamen nur am Rande vor. Entsprechend der humanistischen Tendenz der Zeit legte man aber großen Wert auf das Bildungswissen der Antike. Breiten Raum nahm vor allem der Religionsunterricht ein. Es wurde die Heilige Schrift gelehrt, die Bekenntnisschriften, aber auch der Kirchengesang wurde gepflegt. Durch die Erneuerung des Schulwesens erlangten die Protestanten einen Bildungsvorsprung, der auf katholischer Seite erst durch die Jesuitengymnasien im späten 16. und 17. Jahrhundert allmählich wieder aufgeholt werden konnte. Neben den Lateinschulen gab es auf dem Land auch deutsche Schulen. Hier lernten die Schüler Lesen, Schreiben und ein wenig Rechnen. Anhand des Katechismus sollten die Kinder auch in die Grundelemente des christlichen Glaubens eingeführt werden: die Zehn Gebote, die Glaubensartikel, das Vaterunser und die Sakramente. Auch der Kirchengesang wurde gepflegt.

5. Neuregelung des Armenwesens

Ziel der neuen Sozialpolitik war eine hinreichend gesicherte Versorgung der Armen innerhalb der Gemeinde. Im Gegensatz zu älteren Vorstellungen der mittelalterlichen Kirche bemühte man sich um Zurückdrängung des Bettelns. Ein freiwilliges Betteln, um die eigene Versorgung zu sichern, wurde nicht zugelassen. Der Broterwerb sollte durch einen Beruf erfolgen. Auch unfreiwilliges Betteln dort, wo Menschen in Armut geraten waren, sollte nicht zugelassen werden, hier trat die Fürsorgepflicht der Gemeinde für ihre Armen ein. Im Mittelalter waren Träger der Armenfürsorge vor allem die Klöster und die Bruderschaften. Diese Aufgaben mussten nun die Gemeinden übernehmen. Versorgt wurden sie aus den Gemeinen Kästen. Es ist den evangelischen Territorien jedoch nicht gelungen, das Betteln auf Dauer wirklich zum Verschwinden zu bringen.

6. Neuordnung der Rechtsverhältnisse in der Kirche

Grundlage des evangelischen Kirchenwesens wurden die Pfarreien. Es gab auch kurzzeitig Versuche, die alte bischöfliche Ordnung aufrechtzuerhalten, so etwa in Preußen. Für Naumburg und auch für Merseburg hatte Luther selbst Bischofsweihen vorgenommen und entsprechende Weiheformulare ausgearbeitet. Durchgesetzt hat sich jedoch eine Verfestigung des landesherrlichen Kirchenregiments. Die Kirche wurde auf der Grundlage der Territorien neu organisiert. An der Spitze stand zumeist ein Konsistorium oder eine Visitationskommission. Trotz der grundsätzlichen Aufwertung der Laien durch die Reformation blieben die protestantischen Kirchen Pastorenkirchen. Mit Hilfe von obrigkeitlichen Visitationen wurde das evangelische Kirchentum zunächst in Kursachsen und in der Landgrafschaft Hessen eingeführt. Es folgten kleinere Territorien, vor allem in Nord- und Mitteldeutschland. Insgesamt handelt es sich um einen Vorgang, der sich über mehrere Jahrzehnte hinzog. Die entstehenden Kirchenwesen unterschieden sich dabei nach den örtlichen Gegebenheiten.

7 Ringen um Einheit, Konzil und Religionsfrieden

7.1 Die Ausbreitung des Luthertums

Nachdem zunächst Reichsstädte, dann wichtige Territorien wie Hessen und Sachsen die Reformation obrigkeitlich eingeführt hatten, breitete sie sich immer weiter aus. Württemberg wurde unter Herzog Ulrich 1534 protestantisch, ebenso wie Pommern, wo Johannes Bugenhagen (1485–1558), ein enger Vertrauter Luthers wirkte. Nachdem 1539 der katholische Kurfürst von Brandenburg, Joachim I. gestorben war, führte sein Sohn Joachim II. behutsam die Reformation ein. Sein Onkel, Kurfürst Albrecht von Mainz versuchte kaum, ihn daran zu hindern. So wurde auch der Übergang seiner Bistümer Magdeburg und Halberstadt zum Protestantismus eingeleitet.

Außerhalb der Reichsgrenzen wurde bereits 1521 in Livland lutherisch gepredigt. Schweden und Finnland, das damals unter schwedischer Vorherrschaft stand, fielen 1527 geschlossen von Rom ab. Die Kirche in Schweden, d. h. die Bischöfe verloren ihre weltlich-feudalen Rechte, blieben aber in der Kirchenleitung, wenn auch das Königtum entscheidende Vorrechte erhielt (bischöfliche Sukzession, katholische Liturgie). Der dänische König Christian II. hatte schon 1521 Kontakt zu den Wittenberger Reformatoren aufgenommen, jedoch erst unter Christian III. wurde die Reformation 1536 offiziell eingeführt. 1534 löste sich England von Rom, ohne jedoch eine innere Reformation durchzuführen. Aus machtpolitischen Motiven, die äußerlich durch die päpstliche Verweigerung der Ehescheidung bemäntelt wurde, streifte König Heinrich VIII. die päpstliche

Oberhoheit ab. Er übertrug sich selbst die Leitung der Kirche und nahm den Titel an: »Oberstes irdisches Haupt der Kirche von England unmittelbar unter Gott«. In Kultur und Lehre blieb die anglikanische Kirche zunächst katholisch. Neben papsttreuen Männern wie John Fisher und Thomas More fielen auch Lutheraner der Verfolgung zum Opfer.

Schmalkaldischer Bund

Dem Kaiser war es während des Augsburger Reichstages 1530 vor allem darauf angekommen seine politischen Ziele durchzusetzen. Dies war zunächst die Wahl seines Bruders Ferdinand zum römischen König. Obwohl einige protestantische Stände, so vor allem der sächsische Kurfürst die Wahl verweigerten, konnte das Ziel doch mit großer Mehrheit erreicht werden. Die Verweigerer gaben erst 1534 im Vertrag von Kaaden ihre Zustimmung. Das zweite Ziel war die Gewährung von Finanzhilfe zur Abwehr der Türken, die 1529 vor den Toren Wiens gestanden hatten. Nachdem der Kaiser seine politischen Ziele erreicht hatte, war er zu keinem Entgegenkommen in der Religionsfrage bereit. Der Reichstagsabschied fiel recht scharf aus und verpflichtete die evangelischen Stände zur Unterwerfung und Annahme des Wormser Edikts bis 15. April 1531. Für den Weigerungsfall enthielt der Abschied eine unverhohlene Drohung mit Krieg.

Einige evangelische Stände hatten den Reichstag vorzeitig verlassen, weil sie den schärferen Wind spürten. Bereits im Dezember 1530 kamen sechs Fürsten und zehn Städte in Schmalkalden unter Führung von Hessen und Sachsen zusammen. Im Frühjahr 1531 hatten sie ein Bündnis ausgehandelt, den »Schmalkaldener Bund«. Man verpflichtete sich zur gegenseitigen Waffenhilfe im Verteidigungsfall, will ein Bundesheer aufstellen und geschlossen gegen die Urteile des Reichskammergerichts vorgehen, die der Ausbreitung der Reformation Einhalt gebieten.

Der Schmalkaldische Bund bildete in den nächsten Jahren unter Führung des hessischen Landgrafen Philipp einen bedeutenden Machtfaktor. Der Protestantismus erhielt zu seiner religiösen Überzeugungskraft ein wichtiges politisches und militärisches Instrument. Nachdem die Reformation sich somit immer stärker politisch auswirkte, spaltete sie die deutsche Nation in zwei Lager.

Kompromisse; Konzilspläne, Religionsgespräche.

Das Ultimatum des Reichstagsabschieds von 1531 verstrich ohne Wirkung oder Folgen. Im Jahre 1532 sah sich der Kaiser zu Verhandlungen mit den Schmalkaldenern genötigt und gewährte ihnen bis zu einem Konzil Waffenstillstand im Nürnberger Anstand von 1532.

Als der neue Papst Paul III. (1534–1549) am 2. Juni 1536 ein Konzil nach Mantua ausschrieb, lehnten die Protestanten es ab, da es vom Papst, der doch Partei sei, einberufen werde und nicht auf deutschem Boden stattfinde. Die Ablehnung ging von den weltlichen Fürsten aus, während die Theologen und auch Luther vorsichtiger argumentierten. Zwar wollten sie dieses Konzil auch nicht als das gewünschte anerkennen, doch meinten sie, man müsse dort den eigenen Glauben bekennen. Alles sollte man meiden, was zu einem Schisma führte, wie etwa die Einberufung eines Gegenkonzils. Auf einer Bundesversammlung in Schmalkalden im Februar 1537 setzte sich der sächsische Kurfürst in der Frage des Konzilsbesuchs gegen seine Theologen durch. Der Konzilsplan von 1536 scheiterte schließlich nicht nur am Widerstand der Protestanten, sondern auch an der Weigerung des französischen Königs Franz I. teilzunehmen.

Um in der Religionsfrage im Reich weiter zu kommen, wurde nun der Versuch unternommen, sich durch Religionsgespräche anzunähern. Ein erstes Religionsgespräch zwischen den Konfessionsparteien hatte es, wie erwähnt, auf dem Augsburger Reichstag 1530 gegeben. Weitere Gespräche folgten auf lokaler Ebene. 1534 fand im Leipziger Paulinerkloster ein Kolloquium zwischen Vertretern des Erzbischofs von Mainz und sächsischen lutherischen Theologen statt. In der Rechtfertigungslehre kam man einander entgegen, aber wie schon in Augsburg scheiterte das Unternehmen beim Thema der Messe. In Leipzig kam es am 1. Januar 1539 zu einem weiteren Religionsgespräch zwischen Theologen aus Kursachsen, Hessen und dem Herzogtum Sachsen. Schließlich folgten Religionsgespräche auf Reichsebene in Hagenau (1540), Worms (1540/1541) und Regensburg (1541).

Das Hagenauer Gespräch scheiterte bereits an Verfahrensfragen. In Worms konnten sich Melanchthon und Eck immerhin über die Erbsündenlehre verständigen. Etwas weiter kam man in Regensburg. Auf evangelischer Seite verhandelten Melanchthon, Bucer und der Hesse Pistorius, auf katholischer Seite waren vertreten Johannes Eck, Julius Pflug und Johannes Gropper. Im so genannten »Regensburger Buch« konnte man sich in er Formulierung einiger Artikel einigen, auch über die Rechtfertigungslehre. Die Verhandlungen scheiterten an den Fragen der Messe (Transsubstantiationslehre), der Kirche und vor allem der päpstlichen Lehrautorität. Der Artikel über die Rechtfertigung (der von einer doppelten Gerechtigkeit ausging) wurde später sowohl von Rom wie von Luther verworfen.

Nach dem Scheitern des Regensburger Reichstags und des Regensburger Religionsgesprächs plädierte der Papst wieder für ein Konzil. Der Abschied des Reichstags vom 29. Juli 1541 war zurückhaltender. Er sprach von den zuvor schon erwogenen Möglichkeiten eines deutschen Nationalkonzils. Er forderte das Konzil innerhalb von 18 Monaten in Deutschland.

Ansonsten wurde der Beschluss von Augsburg und der Nürnberger Anstand für weitere 18 Monate aufrechterhalten.

7.2 Religion und Politik

Seit Beginn der vierziger Jahre bereitete Karl V. einen Umschwung seiner Politik im Reich vor. Auf der einen Seite betrieb er nach wie vor nachdrücklich und beharrlich die Einberufung eines Konzils. Im Hinblick auf dieses künftige Konzil verlängerte er periodisch den befristeten Religionsfrieden. Auf der anderen Seite rechnete er stärker mit der Möglichkeit einer kriegerischen Auseinandersetzung mit den Protestanten. Er versuchte sich auf eine militärische und politische Auseinandersetzung mit den Schmalkalden vorzubereiten. Die Bekämpfung des Protestantismus nahm er nun sozusagen strategisch selbst in die Hand. Die Wiederherstellung der kirchlichen Einheit betrieb er in dieser Phase zunächst als ein politisches Problem. Dabei ging er methodisch so vor, dass er versuchte, die Front der protestantischen Stände zu spalten.

Die Doppelehe Philipps von Hessen

Einen ersten Ansatzpunkt hierfür bot ihm der Landgraf Philipp von Hessen. Obwohl er seit Jahren mit Christine, der Tochter des Herzogs Georg von Sachsen, verheiratet war und von ihr sieben Kinder hatte, suchte er ständig neue Beziehungen. Angesichts seiner eigenen Skrupel und der Erkrankung an Syphilis riet ihm seine Schwester, die Herzogin Elisabeth von Sachsen, zu einer zweiten festen Verbindung neben seiner ersten Ehe. Seine Wahl fiel auf die damals 17-jährige Tochter des Hofmeisters seiner Schwester, Margarethe von der Sale. Deren Mutter schloss jedoch ein Konkubinat aus und beharrte auf einer ehelichen Verbindung. Es entstand der Gedanke einer zweiten Ehe nach dem Vorbild alttestamentlicher Patriarchen. Anfang Dezember 1539 ließ Philipp von Hessen Bucer und Luther nach ihrer Meinung fragen. Im so genannten »Wittenberger Ratschlag« vom 10. Dezember, unterzeichnet von Luther, Melanchthon, Bucer und nachträglich noch anderen Theologen, wurde eine solche Möglichkeit eingeräumt.

Diese zweite Ehe wurde am 4. März 1540 in Anwesenheit von Melanchthon eingesegnet und vollzogen. Trotzdem musste sie vor der Öffentlichkeit geheimgehalten werden, da sie gegen die geltende Peinliche Gerichtsordnung Karls V. verstieß, die für Bigamie die Todesstrafe vorsah. Philipp hatte sie in seinem Territorium eingeführt. Als die Geheimhaltung nicht gelang, riet Luther noch im Juli 1540, das Ganze durch eine »starke Lüge« aus der Welt zu schaffen.

Der Kaiser nutzte die Situation aus, indem er vom Landgrafen Philipp einen Vertrag verlangte, der am 13. Juni 1541 in Regensburg abgeschlossen wurde. Philipp musste sich bereit erklären, die Aufnahme des Herzogs von Kleve in den Schmalkaldischen Bund zu verhindern und durfte mit auswärtigen Mächten kein Bündnis gegen den Kaiser schließen. Damit war die Bündnispolitik der Schmalkaldener erheblich beeinträchtigt.

Krieg um Geldern

Dem Kaiser war es nun möglich, militärisch gegen Herzog Wilhelm V. von Kleve, Jülich und Berg (1539–1592) vorzugehen. Ihn hatten die Stände von Geldern und Zutphen 1537 zum Nachfolger des regierenden Herzogs Karl bestimmt und ihn 1538 nach dessen Tod zu ihrem Landesvater gewählt. Die Habsburger selbst aber meldeten Anrecht auf Geldern an. Die

Verbindung Herzog Wilhelms mit Frankreich konnte die niederländischen Besitzungen Karls V. bedrohen. Deshalb ging er mit äußerster Strenge vor, nachdem er Wilhelm isoliert hatte. Als der Kaiser im Feld gesiegt hatte, unterwarf sich Wilhelm im Vertrag von Venlo am 7. September 1543. Er durfte seine eigenen Territorien behalten, Geldern und Zutphen kamen aber an Karl V. Diese Vorgänge festigten die Stellung des Kaisers im Reich. Einen weiteren Erfolg erzielte er im folgenden Jahr durch den Ausgleich mit Frankreich. Mit dem Frieden von Crépy am 14. September 1544 wurde der vierte Krieg mit Frankreich beendet.

Scheitern des Kölner Reformversuchs

Diese Siege des Kaisers brachten es mit sich, dass der Reformationsversuch des Kölner Erzbischofs Hermann von Wied (1477–1552) nicht zum Erfolg führte. Hermann von Wied hatte bereits 1536 eine der bedeutendsten vortridentinischen Reformsynoden durchgeführt. Bei diesen frühen Aktivitäten leistete Johannes Gropper (1503–1559) entscheidende Hilfe.

Den Aufruf des Regensburger Reichstags von 1541, Reformen durchzuführen, verstand Hermann von Wied derart, dass er im Frühjahr 1542 Martin Bucer zu Beratungen mit Johannes Gropper über eine Reform nach Köln berief. Im Herbst 1542 kam Bucer erneut in das Erzbistum und hielt im Bonner Münster evangelische Predigten. Im Franziskanerkloster hielt er Vorlesungen. Hierbei kam es zu ernsthaftem Widerstand. Bucer wurde vom Erzbischof und von den Landständen unterstützt. Der Widerstand kam vom Kölner Rat, der Universität und der Mehrheit des Domkapitels und nunmehr auch von Gropper. Nachdem ein Programm Groppers Ablehnung fand, wurde Bucer mit der Abfassung einer Reformationsordnung beauftragt, an deren endgültiger Fassung auch Melanchthon beteiligt war. So entstand das »Einfältige Bedenken«, das von den weltlichen Städten des Landtags am 26. Juli 1543 gebilligt wurde.

Die Folge des Reformationsentwurfes war ein vereinter Widerspruch seitens des Papstes, des Kaisers sowie des Kölner Domkapitels und Klerus. Auf dem Wormser Reichstag 1545 stellte der Kaiser den Kölnern einen Schirm- und Schutzbrief aus. Der Kurfürst antwortete darauf mit einer Appellation an ein freies christliches Konzil. Hermann von Wied wurde im Sommer des gleichen Jahres nach Rom vorgeladen und der Kaiser eröffnete einen Prozess gegen ihn am Hofgericht. Am 16. April 1546 wurde der Erzbischof exkommuniziert. Die Verwaltung des Erzstiftes wurde seinem Koadjutor Adolf von Schaumburg übertragen. Die Kölner Landstände unterwarfen sich, Hermann von Wied gab sein Amt auf.

Reichstage: Speyer (1544), Worms (1545), Regensburg (1546)

Im Frühjahr 1544 hatte Kaiser Karl in Speyer einen Reichstag durchgeführt. Es gelang ihm hier unter dem Eindruck seiner militärischen Siege, militärische Hilfe für einen Türkenzug und auch gegen Frankreich zu erlangen. Auch die Protestanten gaben ihre Zustimmung. Im Reichstagsabschied wurde in der Religionsfrage wieder eine interimistische Lösung gefunden. Für einen neuen Reichstag wurde in Aussicht genommen, dort über »eine christliche Reformation« zu beschließen, d. h. für den Fall, dass das Konzil nicht zustande kam, wollte der Kaiser die Angelegenheit selbst in die Hand nehmen. Auch von einem Nationalkonzil war die Rede. Es hieß, die Glaubensfrage solle »durch christliche und freundliche Vergleichung eines gemeinen freien christlichen Konzils, Nationalversammlung oder Reichstag« geregelt werden.

Wie weit es dem Kaiser mit diesen Zugeständnissen in der Religionsfrage ernst gemeint war, ist nicht klar. Der Papst jedenfalls reagierte mit einem Tadelsbreve auf dieses Ereignis. Er warf dem Kaiser vor, seine Kompetenzen zu überschreiten und sich in die Angelegenheiten des Apostolischen Stuhls einzumischen. In dieser Situation entschloss sich der Papst, erneut das lange erwartete Konzils auszuschreiben, diesmal nach Trient. Der Papst hatte möglicherweise die Politik des Kaisers falsch eingeschätzt, denn dieser wollte keinen Religionsvergleich mit den Protestanten, sondern betrieb ihre Niederwerfung.

Der nächste Reichstag fand im Frühjahr 1545 in Worms statt, also zu einem Zeitpunkt, als das Konzil bereits ausgeschrieben war. Damit rückte der Endpunkt des bisherigen »Friedstandes« nahe. Die Protestanten fürchteten einen Krieg des Kaisers. Daher rührte ihre Bereitschaft zu einem neuen Religionsgespräch, das Ende Januar 1546 in Regensburg stattfand. Von Seiten der evangelischen Religion nahmen an diesem Gespräch teil Martin Bucer, Erhard Schnepf, Johannes Brenz, Georg Major und in der letzten Phase auch Veit Dietrich. Für die Katholiken waren vertreten Johannes Cochläus, Eberhard Billich, Johannes Hoffmeister und Petrus Malvada. Im Grunde war dieses Gespräch überflüssig, denn am 13. Dezember 1545 war das Konzil von Trient tatsächlich eröffnet worden. Der Kaiser setzte in der Folgezeit alles daran, die Protestanten zur Teilnahme zu bewegen. Da er jedoch auf erheblichen Widerstand stieß, hoffte er durch einen militärischen Sieg über den Schmalkaldischen Bund, die Protestanten zur Beschickung des Konzils zwingen zu können.

So verlief der nächste Reichstag, der 1546 in Regensburg stattfand, ergebnislos, da der Kaiser längst andere Pläne verfolgte. Als die Protestanten nach dem Sinn der kaiserlichen Rüstung fragten, erhielten sie am 16. Juni die Auskunft, diese würden »ungehorsamen Fürsten gelten«. Zur Vorbereitung des

Krieges hatte der Kaiser Verträge mit dem Papst und mit Bayern abgeschlossen. Am wichtigsten war der Vertrag mit Herzog Moritz von Sachsen, dem Schwiegersohn des hessischen Landgrafen. Dass dieser protestantische Fürst sich mit dem Kaiser verbündete, hatte seinen Grund in der seit langem schwelenden Rivalität zwischen Kursachsen (ernestinische Linie) und dem Herzogtum Sachsen (albertinische Linie).

7.3 Der (wirkungslose) Sieg des Kaisers

Der Schmalkaldische Krieg

Am 20. Juni 1546 wurde über den Kurfürsten Johann Friedrich von Sachsen und den Landgrafen Philipp von Hessen die Reichsacht verhängt. Als Grund wurde ihre Militäraktion gegen den katholischen Herzog Heinrich von Braunschweig genannt. Der Kaiser führte seinen Krieg gegen die Protestanten formal nicht als Religionskrieg, sondern als Exekution gegen Rebellen wegen Gehorsamsverweigerung im Rahmen der Reichsverfassung. Der Krieg begann mit einem Donaufeldzug im Sommer 1546 und endete mit der Schlacht bei Mühlberg an der Elbe am 24. April 1547 mit einem vollständigen Sieg Karls V. Kurfürst Johann Friedrich von Sachsen wurde gefangen genommen. Er musste in der Wittenberger Kapitulation vom 19. Mai 1547 auf die Kurwürde verzichten, die an Herzog Moritz und die albertinische Linie übertragen wurde. Auch der Landgraf Philipp von Hessen wurde gefangen genommen. Beide hielt der Kaiser fünf Jahre lang in Haft.

Karl V. hatte den Schmalkaldischen Bund und damit die stärkste Stütze der Protestanten zerschlagen. Er versuchte nun, die Früchte dieses Sieges durchzusetzen, nämlich das Reich zur kirchlichen Einheit zurückzuführen und eine Reichsreform im Sinn einer stärker monarchischen Verfassung durchzuführen. Zu diesem Zweck berief er für den Herbst 1547 erneut einen Reichstag ein, diesmal nach Augsburg.

Der Reichstag in Augsburg (1547/1548) und das Interim

Obwohl der Kaiser nach seinen Siegen damals auf dem Höhepunkt seiner Macht stand, erreichte er auf dem Reichstag seine Ziele nicht. In bezug auf die Reichsverfassung bildete dieser Reichstag (1. September 1547 bis 30. Juni 1548) den letzten großen Versuch einer monarchischen Reichsreform. Zu diesem Zweck wollte der Kaiser alle Reichsstände in einem Reichsbund zusammenfassen nach Art des Schwäbischen oder Schmalkaldischen Bundes. Wegen des starken Übergewichts, das der Kaiser hier gehabt hätte, versagten sich die Stände diesem Anliegen. Auch in der Religionsfrage kam es zu keiner Einigung. Inzwischen hatten sich Kaiser und Papst zerstritten. Der Papst fürchtete einen zu starken Kaiser und warf ihm vor, er mische sich in das Konzil ein. Der Kaiser beschuldigte den Papst, ihm sein Religionsbefriedungskonzept zu verderben.

Der Kaiser war der Ansicht, dass das Konzil mit der Behandlung der dogmatischen Frage warten sollte, bis die Protestanten auf dem Konzil erschienen seien. Der Papst jedoch hatte bereits seit der dritten Sitzung die Rechtfertigungslehre diskutieren lassen. Noch bevor der Kaiser mit seinem Krieg zu Ende war, war das Rechtfertigungsdekret verabschiedet worden. Schließlich verlegte der Papst das Konzil aus der zum Reich gehörenden Stadt Trient nach Bologna, ein Stadt im Kirchenstaat. Nun war mit einer Teilnahme der Protestanten am Konzil unter keinen Umständen mehr zu rechnen.

In dieser Situation entschloss der Kaiser sich für eine Notlösung. Er wollte die Religions- und Kirchenfrage in Deutschland aus eigener Machtvollkommenheit lösen. Für das Reich wollte er bis zur endgültigen Beschlussfassung durch ein Konzil eine Zwischenlösung in der Religionsfrage anstreben. Gemäßigte Theologen, vor allem der Bischof von Naumburg Julius Pflug, der Mainzer Weihbischof Michael Helding und der Brandenburger Hofprediger Johann Agricola arbeiteten eine religiöse Formel aus, die Grundlage der Religionsausübung im Reich sein sollte.

In Fragen des Laienkelchs und der Priesterehe und der geistlichen Güter kam der Text den Protestanten entgegen. Dogmatisch vertrat das Interim einen gemäßigten Katholizismus. Zufrieden war jedoch keine Seite mit dem Text. Es gelang dem Kaiser nicht, die katholischen und lutherischen Stände auf dieses »Interim« zu verpflichten. Die katholischen Reichsstände erreichten, dass sie von diesem Gesetz ausgenommen wurden. Sie befürchteten Schwierigkeiten aus Rom, falls sie sich auf eine reichsrechtliche Lösung in theologischen Fragen einließen. Sie argumentierten, da sie nicht von der Lehre abgewichen seien brauchten sie auch keine Zwischenlösung in der Religionsfrage. Der Papst verbot später ausdrücklich die auch nur vorläufige Beibehaltung verheirateter Priester für den kirchlichen Dienst. Da der Kaiser am Interim festhielt, erhielt es den Charakter eines Sondergesetzes für die Protestanten. Hier liegt einer der Hauptgründe dafür, dass sich die Protestanten später entschieden gegen die Übernahme des Interims wehrten.

Für die geistlichen Reichsfürsten erließ der Kaiser eine Reformationsordnung, die *Formula reformationis per caesarem majestatem statibus ecclesiasticis … proposita*. Sie betraf die Kirchen-, Klerus- und Seelsorgereform und wies die geistlichen Stände an, bis zum Herbst 1548 Diözesan-, und bis zum Frühjahr 1549 Provinzialsynoden sowie Visitationen durchzuführen. Viele Diözesen und Metropolitanverbände folgten diesem Vorschlag und hielten Reformsynoden und Visitationen ab. Hierbei wurde der bedenkliche Zustand der Kirche ermittelt, zu wirklich durchgreifenden Verbesserungen kam es aber nicht.

Weil das Augsburger Interim als Teil des Reichtagsabschieds zu einem Sondergesetz für die Protestanten wurde und sich letztlich als Versuch einer Rekatholisierung des Reiches erwies, widersetzten sich die protestantischen Fürsten und Städte. Wegen der kaiserlichen Übermacht wagten es jedoch nur wenige – so vor allem Magdeburg und andere norddeutsche Gebiete – dies öffentlich zu zeigen. In Süddeutschland mussten sich viele Städte dem kaiserlichen Diktat beugen. Das Interim trug nicht zum Ausgleich der religiösen Spannungen bei, sondern führte zur Erstarrung der Fronten.

7.4 Der Augsburger Religionsfrieden

Der Passauer Vertrag

Eine letzte Möglichkeit, die Religionseinheit im Reich wiederzugewinnen, bot sich, als der neue Papst Julius III. (Febr. 1550–März 1555) sich bereit fand, das Konzil in Trient fortzuführen. Auf dem Augsburger Reichstag von 1550/1551 verpflichteten sich die Protestanten zur Teilnahme. Tatsächlich waren Ende 1551 Protestanten auf dem Konzil. Als der Kaiser schon an den endlichen Erfolg seiner hinhaltenden Politik der letzten Jahrzehnte glaubte, setzte ein Aufstand protestantischer deutscher Fürsten allen Plänen ein Ende.

Moritz von Sachsen, den der Kaiser als Dank für seine Militärhilfe im Schmalkaldischen Krieg zum sächsischen Kurfürsten erhoben hatte, verbündete sich mit einigen norddeutschen Fürsten und dem französischen König Heinrich II. im Vertrag von Chambord (Januar 1552) gegen den Kaiser. Sein Ziel war dabei die Sicherung seiner neu gewonnenen Gebiete und Würden. Der französische König erhielt als Lohn für seine Hilfe die Reichsstädte Metz, Toul, Verdun und Cambrai. Den Kaiser traf der Aufstand im Frühjahr 1552 völlig unvorbereitet.

Fast hätte Moritz den Kaiser bei Innsbruck gefangen nehmen können.

Im Passauer Vertrag von 1552 konnten die Protestanten den Wandel der Lage ausnutzen und die Rechtssituation wiederherstellen, wie sie vor dem Schmalkaldischen Krieg bestanden hatte. Jeder Fürst konnte wieder über die Religion seines Gebietes entscheiden. Religiöse Einmischung in ein fremdes Territorium galt als Landfriedensbruch. Der Vertrag war zwischen dem Bruder des Kaisers, König Ferdinand, und Moritz von Sachsen ausgehandelt worden. Vermittelt hatten ihn südwestdeutsche evangelische und katholische Fürsten. Der Kaiser zog sich nun immer mehr aus Deutschland zurück und überließ die Regierung seinem Bruder.

Im Passauer Vertrag von 1552 war, wie viele Male schon zuvor, eine Übereinkunft zwischen den Fürsten der verschiedenen Religionsparteien erzielt worden, die zeitlich befristet war. Das Streben vor allem der evangelischen Reichsstände lief darauf hinaus, eine unbefristete Übereinkunft zu erreichen, die ihnen eine Garantie ihres Machtzuwachses gab, der sich aus der Reform ihrer Territorien ergeben hatte. An der zeitlichen Befristung waren bisher die katholischen Reichsstände interessiert gewesen. Sie hofften, die reformatorischen Erneuerungen entweder auf Reichsebene oder auf einem Konzil rückgängig machen zu können. Sie hielten grundsätzlich an der Einheit des Reiches und auch an der religiösen Einheit fest.

Das Scheitern einer protestantischen Beteiligung am Konzil von Trient 1552 hatte den katholischen Reichsständen deutlich gemacht, dass mit einer religiösen Einigung auf absehbare Zeit nicht zu rechnen war. Der Sieg des Kurfürsten Moritz über den Kaiser und die mangelnde Fähigkeit des Kaisers, die katholischen Reichsstände, insbesondere die Reichsbischöfe, während ihrer Teilnahme am Konzil von Trient zu schützen, hatte auch bei ihnen den Wunsch nach einem Frieden wachsen lassen. Neben einigen größeren katholischen Reichsständen in

Süddeutschland ist es vor allem der Mainzer Erzbischof Sebastian von Heusenstamm gewesen, der sich zu der Erkenntnis durchrang, dass eine künftige religiöse Einheit im Reich höchstens dann erreicht werden könne, wenn man zuvor untereinander Frieden schlösse. Seit 1552 hat er daher an allen Bestrebungen mitgewirkt, die auf einen dauernden Reichsfrieden hinzielten. Dadurch hat er wesentliche Vorleistungen für den Augsburger Religionsfrieden von 1555 erbracht.

Der Augsburger Reichstag von 1555

Kaiser Karl V. nahm am Augsburger Reichstag von 1555 nicht teil, weil er befürchtete, hier die Zustimmung zur Existenz zweier Konfessionen geben zu müssen. Er überließ die Leitung seinem Bruder Ferdinand. Als der Reichstag im Februar 1555 in Augsburg zusammentrat, ging Ferdinand noch von der alten Konzeption aus, dass Reichsfriede und Religionsvergleich miteinander verbunden werden müssten. Auch als dieses Ziel in Augsburg nicht erreicht werden konnte, verfolgte er es in den kommenden Jahren weiter.

Die meisten Reichsstände waren von Anfang an in der Absicht nach Augsburg gekommen, einen Religionsfrieden herbeizuführen. Zögerlich waren noch die katholischen Stände. Nach den ersten Beratungen kam man bereits am 11. März im Kurfürstenrat zu dem Ergebnis, dass die Beratungen über einen allgemeinen Religionsfrieden der erste Verhandlungsgegenstand sei. Den Weg für den Abschluss eines politischen Religionsfriedens auch ohne Religionsvergleich hatte der Mainzer Erzbischof Sebastian von Heusenstamm in seiner letzten Instruktion vom 11. März 1555 kurz vor seinem Tod geebnet, als er seine in Augsburg verhandelnden Räte anwies, sich im Hinblick auf einen allgemeinen Frieden im Reich und zur besseren Bewahrung des Erzstiftes nach Möglichkeit zunächst mit den katholischen Reichsständen und insbesondere mit den geistlichen Kurfürsten von Köln und Trier zu einigen. Sollte dies nicht möglich sein, sollten sie sich um des Friedens willen mit den drei weltlichen Kurfürsten, die alle lutherisch waren, verständigen. Damit war er bereit, mit seiner Stimme in jedem Fall den Religionsfrieden durchzusetzen. Die Verhandlungen auf dem Reichstag verliefen zäh und glichen oft dem Feilschen auf dem Markt. Es ging ja auch nicht zuletzt um einen hohen finanziellen Einsatz, nämlich um das Verfügungsrecht an den geistlichen und kirchlichen Gütern.

Der Religionsfrieden

Der Religionsfriede, auf den man sich schließlich einigte, ist enthalten im Augsburger Reichstagsabschied vom 25. September 1555. Er umfasst hier die Artikel 2–18. Folgende Bestimmungen sind von besonderer Wichtigkeit:

- Die Frage der Religion wird der Ordnung des Landfriedens unterstellt. Wie bei anderen weltlichen Streitfällen soll nun auch in Fragen der Lehre, der Religion und des Glaubens kein Reichsstand einen anderen gewaltsam angreifen oder schädigen dürfen. Jeder Stand soll den anderen bei seiner Religion, seinem Glauben, seinen Kirchengebräuchen, Ordnungen und Zeremonien belassen. Verstöße werden nach den Bestimmungen des Landfriedens geahndet.
- Die Bestimmungen des Religionsfriedens galten für die Anhänger der Alten Kirche, d. h. für die Katholiken, und für die Anhänger der *Confessio Augustana.* Alle Andersgläubigen, auch die Reformierten, d. h. die Calviner, werden ausdrücklich vom Religionsfrieden ausgenommen.
- Die finanziellen und rechtlichen Probleme werden nach dem Status quo geregelt. Das nicht reichsunmittelbare bereits säkularisierte Kirchengut bleibt den lutherischen Lan-

desherren zur Verwaltung überlassen. Die geistliche Jurisdiktion wird im Gebiet der lutherischen Reichsstände suspendiert. Die Einkünfte aus geistlichem Besitz stehen nach Abzug der örtlichen Kirchen- und Pfarrbedürfnisse weiterhin auch den jeweiligen (auch auswärtigen katholischen) Besitzern zu.

- Der Religionsfrieden wird nur zwischen den Reichsständen, d. h. den Obrigkeiten, geschlossen. Er bedeutet keine religiöse Toleranz. Den Untertanen, die nicht der Religion ihrer Herren folgen wollen, wird nur die freie Auswanderung gestattet. Wenn es auch nicht unseren heutigen Vorstellungen entspricht, so war dies ein gewisser Fortschritt, insofern man sich damit den Nachstellungen der Inquisition entziehen konnte. Glaubensfreiheit in unserem heutigen Sinne ist von keinem der Reichsstände damals angestrebt worden. Religiöse Toleranz wurde zumeist nur in Reichsstädten von der jeweils unterlegenen Religionspartei gefordert. Grundprinzip dieses Religionsfriedens, das von allen Reichsständen geteilt wurde, ist eine Formulierung, die in dieser Form allerdings erst in juristischen Handbüchern am Ende des Jahrhunderts auftauchte: *cuius regio, eius religio.*
- Der Augsburger Religionsfriede sollte bis zur endgültigen Vergleichung in der Religionsfrage gelten. Wenn diese nicht zustande komme, so solle er dennoch in Kraft bleiben. Hiermit hatten vor allem die Protestanten das erreicht, was sie seit dem ersten Speyrer Reichstag von 1526 erstrebt hatten, nämlich einen zeitlich unbefristeten Frieden.
- Eine besondere Bestimmung betraf schließlich noch die Situation in den konfessionell gemischten Reichsstädten. Hier wird beiden Bekenntnissen ihr Besitzstand garantiert und die freie Religionsausübung jeweils nach dem Status quo.

Während es bei der Festlegung dieser hier zusammengefassten Bestimmungen des Religionsfriedens unter den Religionsparteien zur Verständigung gekommen war, blieben zwei weitere Bestimmungen umstritten:

- Der geistliche Vorbehalt *(Reservatum ecclesiasticum)*. Die Katholiken hatten die Forderung aufgestellt, dass entgegen der sonstigen Freistellung des Konfessionswechsels der Reichsstände samt Land und Leuten das so genannte *Ius Reformandi* für geistliche Reichsstände nicht gelten sollte. Sie verlangten, dass in dem Falle, wo ein Erzbischof, Bischof, Prälat oder ein anderer geistlicher Reichsstand zur evangelischen Religion übertrete, er *ipso iure et facto* seines Amts entsetzt werden sollte. Ziel dieser Forderung war, die geistlichen Fürstentümer zu erhalten und damit eine Schranke gegen eine umfassende Ausbreitung der Reformation zu errichten. Diese Absicht der katholischen Reichsstände erregte den heftigen Potest der lutherischen Stände. Hier aber war ein Punkt gegeben, an dem weder die Katholiken noch König Ferdinand nachzugeben bereit waren. So nahm Ferdinand aus eigener Machtvollkommenheit den geistlichen Vorbehalt in den Augsburger Religionsfrieden auf. Er bestimmt, dass ein Erzbischof, Bischof, Prälat oder ein anderer geistlichen Stands, der von der katholischen Religion sich abwendet, zwar seine persönlichen Ehren behält, jedoch seines Amtes und all seiner kirchlichen Benefizien verlustig geht. Außerdem erhalten die zuständigen Gremien und Institutionen das Recht, sofort einen Nachfolger zu wählen, der der katholischen Religion angehört.

Ohne diese Bestimmungen wären zwangsläufig in kurzer Zeit alle Bistümer der Reichskirche säkularisiert worden. Damit wäre die Hauptsäule der Verfassungsstruktur des alten Reiches in sich zusammengebrochen. Das Reich hätte sich vielleicht in selbständige Territorien aufgelöst. Die Protestanten sahen in dieser Bestimmung eine Diffamierung ihres Glaubens. Außerdem waren sie nicht bereit, diese Schranke für die Expansion ihres Glaubens zu akzeptieren. Aufgrund des evangelischen Widerstandes kam König Ferdinand den Protestanten in einer von ihnen erhobenen Forderung entgegen.

- Die *Declaratio Ferdinandea* wurde nicht in den Text des Reichsabschieds aufgenommen und hatte deshalb nicht die gleiche Rechtskraft. Sie bestimmte auf Wunsch der lutherischen Landesherrn gleichsam als Gegenleistung für das Reservatum Ecclesiasticum, dass in den Territorien geistlicher Fürsten die landsässige Ritterschaft und die landsässigen Städte, die schon längere Zeit der Confessio Augustana anhängig waren, in ihrem Bekenntnis geschützt wurden.

Wirkung und Bedeutung des Augsburger Religionsfriedens

Der Augsburger Reichstag sorgte mit seinen Bestimmungen dafür, dass die Religionsfrage für die Reichsstände kein Anlass mehr für kriegerische Auseinandersetzungen war. Er bot einen Modus vivendi für die konfessionsverschiedenen Reichsstände. Er war möglich geworden, weil die meisten Stände den Nutzen der Reichsinstitution für sich höher veranschlagten als die religiöse Einheit des Reiches. So ermöglichte der Frieden den Fortbestand des Reiches bis zu dessen Auflösung 1803. Neben der Goldenen Bulle von 1356 und dem Westfälischen Frieden von 1648 ist er eines der fundamentalen Reichsgesetze gewesen. In Fragen, die nicht die Religion betrafen, verhandelte man fortan in konfessionell gemischten Reichstagskurien. Nur dort, wo man über religiöse und kirchliche Fragen beratschlagte, trennte man sich nach Konfessionsparteien. Dies ist die bekannte *itio in partes.*

Der Religionsfriede wurde am 25. September 1555 von den Reichsständen und von König Ferdinand unterzeichnet. Karl V. war nicht bereit, zwei Konfessionen in seinem Reich zu dulden. Dies widersprach seiner Auffassung von seinen

Aufgaben als Kaiser und Herr der Christenheit. Konsequenterweise zog er sich, nachdem er das endgültige Scheitern seiner Religionspolitik erkannt hatte, aus der Regierung immer mehr zurück. Ende 1556 verzichtete er zugunsten seines Bruders Ferdinand auf die Kaiserkrone. Karl zog sich in das spanische Kloster San Yuste zurück, wo er 1558 starb.

Eine Lösung des Religionsstreites, der seit 1517 ausgefochten wurde, brachte der Augsburger Reichstag nicht. Die inhaltliche Frage wurde auf einen künftigen Reichstag verschoben. Dieser fand 1556/1557 in Regensburg statt. Ferdinand hatte ihn einberufen in der Absicht, hier auch eine Versöhnung in der Glaubensfrage zu erreichen. Dies gelang nicht, man stritt bereits über die Frage, auf welchem Weg die religiöse Einheit zu erreichen sei, durch ein Religionsgespräche, eine Reichstagsentschließung, ein Nationalkonzil oder ein Universalkonzil. In einem Minimalkonsens einigte man sich auf ein Religionsgespräch 1557 in Worms. Es wurde das letzte Religionsgespräch im Reich. Es führte zu keinem Erfolg und scheiterte äußerlich nicht an den Differenzen zwischen Katholiken und Lutheranern, sondern an innerprotestantischen Spannungen.

Der Augsburger Friedensschluss brachte Deutschland eine Befriedung auf Jahrzehnte hinaus. Allerdings schied das Reich aufgrund dieser inneren Spannung als politische und geistige Führungsmacht aus dem Ringen in Europa aus. Der Schwerpunkt der reformatorischen Bewegung und der geistesgeschichtlichen Entwicklung Europas verschob sich von der Mitte in den Westen. Die enge Verquickung von Religion und Politik, wie sie im 16. Jahrhundert üblich war, ließ wohl eine sachliche und theologische Diskussion der Glaubensfrage nicht zu. Erst die Trennung von Kirche und Staat, von Theologie und Politik seit der Säkularisation hat hier eine neue Lage entstehen lassen. Dies wird deutlich an der ökumenischen Annäherung, bei der es vornehmlich um theologisch Fragen geht und nicht mehr um das Kirchengut oder staatliche Machtfragen. Wie weit allerdings heute der Machtanspruch einzelner Kirchen einer religiösen Verständigung im Wege steht, ist eine andere Frage.

8 Die Reform der katholischen Kirche

8.1 Innerkirchliche Reform vor Trient

Dem im gesamten Spätmittelalter erhobenen Ruf nach Reform der Kirche hatte sich das Papsttum entzogen. Ausschlaggebend hierfür war neben vielen anderen Gründen die Furcht vor dem Konziliarismus, d. h. der Anschauung, ein Konzil sei oberstes Organ der Kirche und stehe auch über dem Papst, wie sie vor allem auf den Konzilien von Konstanz und Basel vertreten worden war. Dennoch kam es am Vorabend der Reformation erneut zu einem Konzil. Es war das fünfte Laterankonzil, das von 1512 bis 1517 tagte. Es brachte zwar eine Festigung der päpstlichen Macht, führte aber keine wirklichen Reformen durch. So war es schon fast keine Ironie mehr, wenn im gleichen Jahr 1517, als das Konzil schloss, Luther seine Thesen veröffentlichte und die Reformation auslöste.

Es gab innerhalb der Kirche bereits vor dem öffentlichen Auftreten Luthers verschiedene Ansätze zu einer wirklichen Erneuerung. Zentren dieser Bewegung waren Italien und Spanien. In Italien waren es vor allem Bruderschaften in verschiedenen Städten, die sich um Selbstheiligung und gleichzeitig um apostolische Wirksamkeit bemühten. Meist war ihr Einsatz sozial-caritativ. Einen bedeutenden Reformkreis gab es in Venedig um Paolo Giustianiani (1476–1528). Weitere Mitglieder dieses Kreises waren: Vincenzo Quirini 1479–1514; Gasparo Contarini und Nicola Tiepolo. Dem Laterankonzil legten sie eine Denkschrift über die Reform der Kirche vor, die etliche Gedanken des Trienter Konzils vorwegnahm. Wichtig vor allem für die Zeit nach dem Konzil von Trient wurden einige Ordensneugründungen in Italien: Der Theatinerorden geht auf zwei Mitglieder des römischen Oratoriums zurück: Cajetan von Thiene (1480–1547) und Johann Peter Carafa, der von 1555 bis 1559 als Papst Paul IV. amtierte. Dieser Orden pflegte das Breviergebet, die würdige Feier der Messe, die Predigt und Seelsorge jeglicher Art. Im 16. und 17. Jahrhundert gingen aus ihm viele gute Bischöfe Italiens hervor. Anton Maria Zaccaria (1502–1537) gründete 1533 eine Priestergenossenschaft, die später den Namen Barnabiten erhielt. Sie widmete sich der Volksmission, der Intensivierung des eucharistischen Kultes und der Einführung des vierzigstündigen Gebets. In der Diözese Mailand wirkten sie segensreich, als sich ihrer Karl Borromäus nach seiner Bischofsernennung bediente, um seine Diözese zu reformieren.

Während in Italien die Quellen der Katholischen Reform in kleinen Gemeinschaften von Klerikern und Laien lagen, aus denen mehrere neue Ordensgenossenschaften und später führende Einzelpersönlichkeiten hervorgingen, wurden in Spanien noch vor der Jahrhundertwende der Episkopat, die Mönchs- und die Bettelorden unter aktiver Förderung durch die Katholischen Könige Träger der religiösen und kirchlichen Erneuerung. Krone und Episkopat arbeiteten gemeinsam und erfolgreich an der Erneuerung der spanischen Kirche. Der besondere Eifer erklärt sich u. a. aus der Frontlage Spaniens gegenüber dem Islam. Erst durch die Eroberung Granadas 1492 wurde das letzte islamische Bollwerk in Spanien überwunden. Den größten Einfluss übten die Kardinäle Pedro Gonzales de Mendoza und Ximénes de Cisneros aus. Letzterer war Erzbischof von Toledo (1495–1517). Er gründete die Universität Alcalá, an der der Humanismus gefördert und für eine Reinigung der Theologie gesorgt wurde.

Das kirchliche Reformanliegen wurde in Spanien zugleich als eine nationale Aufgabe betrachtet. Man war sich darüber im Klaren, dass die im Gang befindliche Reform der spanischen Kirche ohne allgemeine Kirchenreform ihr Ziel nicht erreichen konnte. Die positiven Erfahrungen, die man in Spanien mit einer vom Humanismus getragenen Reform machte, führten dazu, dass die spanischen Berater des Kaiser Karls V. die deutschen Humanisten förderten. Diese aber neigten zumeist dem Luthertum zu. Auch die Reformanliegen der Lutheraner stießen bei den spanischen Ratgebern auf Verständnis, jedoch verkannten sie häufig die völlig anderen Gegebenheiten in Spanien und in Deutschland. Während sich in Spanien dank einer starken Zentralmacht die Reform innerhalb der Kirche vollzog, setzte sie sich in Deutschland wegen des Widerstandes vieler Partialkräfte nur gegen die Kirche durch. Die spanische Kirche hat frühzeitig die Ursachen einer kirchensprengenden Reformation beseitigt. Auf dem Trienter Konzil spielten spanische Theologen später eine führende Rolle. Nicht von ungefähr kommen aus Spanien viele bedeutsame Heilige im 16. und 17. Jahrhundert wie Teresa von Ávila und Johannes vom Kreuz.

Ignatius von Loyola und die Jesuiten

In Spanien hatte auch der wirkmächtigste Reformorden seinen Ursprung: die Gesellschaft Jesu. Der Jesuitenorden übertraf in seiner Bedeutsamkeit alle anderen Ordensgründungen der Reformationszeit, vor allem durch die Neuheit seiner Organisation und den Ernst seiner Gesinnung. Durch seinen Schöpfer Ignatius von Loyola (1491–1556) gehört er in den geschichtlichen Zusammenhang der spanischen Reformbewegung.

Nachdem eine Verwundung ihn aus der Soldatenlaufbahn geworfen hatte, ordnete Ignatius sein Leben neu. Nach einer Wallfahrt ins Heilige Land 1523 ging er für zehn Jahre nach Paris zum Studium. Dort wirkte er seelsorgerlich auf seine

Studienkollegen ein. Am 15. August 1534 schloss er mit sechs Gefährten in der Marienkapelle auf dem Montmartre einen religiösen Bund. Zu den Gefährten gehörten: Petrus Faber (Savoyen), Franz Xaver und Diego Laínez (Spanien) und zwei weitere Spanier und ein Portugiese (Salmeron, Bobadilla und Rodrigues). Ignatius nannte seine Gruppe: Compañía de Jesús (»Kampftruppe« Jesu). Nachdem ein Plan zur Bekehrung der der Mohammedaner in Palästina wegen der Türkenkriege fallengelassen werden musste, widmete sich die Gruppe zunächst der Seelsorge und Krankenpflege in verschiedenen Städten Italiens. In Rom fasste Ignatius den Plan, eine fest geschlossene Ordensgesellschaft zu gründen. Papst Paul III. gab am 27. September 1540 die erbetene Bestätigung als regulierter Klerikerorden.

Die Gesellschaft Jesu zeichnet sich durch folgende Eigenschaften aus: Die Unbedingtheit, mit der der Orden sich in den Dienst der Kirche stellte und dem Papst unterwarf; die hieraus resultierende Freizügigkeit in der Arbeit und die Beweglichkeit des Ordens, den Geist praktischer im Leben angewendeter mystischer Frömmigkeit, der ihn beseelte; verbunden mit der Verpflichtung zum Katechismusunterricht; endlich die Weltoffenheit in den im einzelnen ganz verschiedenen Tätigkeitsbereichen, die Zielstrebigkeit und jugendliche Ungebrochenheit. Schließlich war wichtig, dass der Orden so etwas wie einen »militärischen« Zuschnitt erhielt, der in einer Gehorsamsordnung von nie gekannter Präzision bestand und das Ideal des Heiligen mit dem des Ritters vereinigte. Dies hatte nicht nur mit dem individuellen Einfluss des Ignatius, sondern auch allgemein mit spanischer Lebenshaltung zu tun.

Besondere Aufgaben der Gesellschaft Jesu sollten sein: Förderung des christlichen Lebens durch Predigt, geistliche Übungen, Religionsunterricht und Beichthören. Als Gegenstand eines besonderen vierten Gelübdes galt der unbedingte Gehorsam gegen den Apostolischen Stuhl in Sachen der Mission. Von einer besonderen Ordenstracht und vom Chorgebet wurde Abstand genommen, dagegen legte man großes Gewicht auf eine gründliche philosophische und theologische Ausbildung.

Die Verfassung des Ordens ist streng monarchisch und zentralistisch. An der Spitze steht der auf Lebenszeit gewählte Ordensgeneral mit fast unbeschränkter Vollmacht. Ignatius selbst blieb in Rom und leitete die Genossenschaft als erster Generaloberer bis zu seinem Tod am 31. Juli 1556. Zweiter General war einer der ersten Gefährten: Diego Laínez (1512–1565); dritter Franz von Borgia (1510–1572).

Sehr bald schon widmete sich der Orden den religiösen Zuständen in Deutschland. Als erster Jesuit kam Petrus Faber 1540 nach Deutschland. Im Herbst 1542 und Frühjahr 1543 gab er vielbeachtete Exerzitien in Mainz, von Erzbischof Albrecht berufen. In diesen Exerzitien nahmen Julius Pflug und Michael Helding, später bedeutende Vertreter der Reform im deutschen Episkopat, teil. Außerdem gewann er hier Petrus Canisius für den Jesuitenorden. Er war 1521 in Nimwegen geboren und starb am 21. Dezember 1597 in Freiburg im Uechtland. Canisius wirkte seit 1549 an der Universität Ingolstadt. Er war kein origineller Kopf, was er aber mit seinem unermüdlichen Eifer als Theologe, Lehrer, Schriftsteller und Seelsorger für die Erneuerung der katholischen Kirche in Deutschland geleistet hat, kann kaum überschätzt werden. Einflussreich wurde sein Katechismus.

In Köln hatten die Jesuiten 1544 ihre erste deutsche Niederlassung. Es folgten Wien 1552, Ingolstadt und Prag 1556, München 1559, Trier 1560, Mainz 1561. Ursprünglich als Seelsorgeorden gegründet, wurden die Jesuiten in steigendem Maß Erziehungsorden. Sie sind die Erneuerer des höheren katholischen Bildungswesens. Das erste Jesuitenkolleg wurde 1548 in Messina geschaffen. Deutsche Kollegien entstanden in Wien (1552), Ingolstadt (1556), München (1559), Trier (1560), Mainz (1561) und Dillingen. Förderer der Kollegien waren der zweite Jesuitengeneral Laínez und vor allem der aus Mallorca stammende Jerónimo Nadal (1507–1580) (Nadal: *Vae nobis, si non iuvemus Germaniam*). Besonders wichtig wurden die Jesuiten für die Durchführung der Beschlüsse von Trient im Auftrag der Päpste.

Katholische Gegner Luthers und Reformansätze in Deutschland

Die katholischen Theologen, namentlich auch in Deutschland, waren kaum in der Lage, angemessen auf die von Luther ausgelöste Bewegung zu reagieren. Dennoch ist die Zahl der Verteidiger der alten Kirche erstaunlich groß. Ihr Ungenügen bestand vor allem darin, dass die katholischen Theologen den theologischen Ansatz Luthers nicht aufnehmen konnten, weil sie zu sehr in den überkommenen Vorstellungen des scholastischen Denkens befangen waren. In Luther sahen sie einen Angreifer auf die äußere, juristisch fixierte Ordnung der Kirche. Wichtige deutsche Luthergegner waren:

Johannes Eck (1486–1543)

Er studierte in Heidelberg, Tübingen, Köln und Freiburg, war humanistisch beeinflusst und wurde 1510 Professor in Ingolstadt. Hauptgegner Luthers seit der Leipziger Disputation, betrieb in Rom Luthers Verurteilung, publizierte die Bannandrohungsbulle in Mittel- und Süddeutschland, in die er die Nürnberger Willibald Pirckheimer und Lazarus Spengler einbezog. 1530 veröffentlichte er in Augsburg seine 404 Artikel gegen Luther, schrieb die *Confutatio* (Widerlegung des Augsburger Bekenntnisses), trat in Worms und Regensburg als Kolloquent gegen Melanchthon auf. Sein dogmatisches Kompendium *Enchiridion locorum communium* fand weite Verbreitung, obwohl es keine originelle theologische Leistung war. Er hat Luther in der Leipziger Disputation gezwungen, seine theologischen Ansätze bis zur letzten Konsequenz durchzudenken, d. h. Unterordnung päpstlichen Lehramtes und der Konzile unter die Schrift als letzte Norm. Ob Eck Luther verstanden hat, darf bezweifelt werden. Durch seine Schärfe und Unerbittlichkeit hat er dazu beigetragen, dass beide Seiten immer weiter auseinander rückten.

Hieronymus Emser (1478 – 1527)

Geboren in Ulm, studierte er in Tübingen und Basel, begleitet als Sekretär den Legaten Raimund Peraudi durch fünf deutsche Bistümer zur Verkündigung des Jubelablasses. Herzog Georg von Sachsen übernahm ihn als Sekretär. Emser verfasste eine *Vita Bennonis*, um die Kanonisation des Bischofs Benno von Meißen zu betreiben, und betätigte sich als Übersetzer der Schriften der Kirchenväter und des Erasmus. Nach der Leipziger Disputation kam es zwischen ihm und Luther zu scharfer Polemik, nach 1523 würdigte ihn Luther keiner Entgegnung mehr. Emsers auf die mittelalterlichen deutschen Bibelübersetzungen zurückgehender Text fand weite Verbreitung.

Johann (Dobneck) genannt Cochläus (1479 – 1552)

Geboren in Wendelstein (Ansbach), studierte er in Köln und wurde 1510 Schulmeister in Nürnberg. Nach einer Italienreise wurde er Priester in Frankfurt am Main, dann Kanoniker in Mainz, später in Meißen und nach 1539 in Breslau, wo er 1552 starb. Anfangs war er wie andere Humanisten lutherfreundlich, wandte er sich aber seit 1521 gegen Luther, nahm an der Auseinandersetzung mit der reformatorischen Lehre eifrig Anteil und wohnte mehreren Reichstagen und Religionsgesprächen bei. Nach der ersten Antwort, die ihm Luther erteilt hatte, ging dieser auf seine weiteren Streitschriften nicht mehr ein. Auch auf altgläubiger Seite fand der Eiferer nicht viel Anerkennung. Gelesen wurde nur seine 1549 erschienene einseitig negative Lutherbiographie *Commentaria de actis et scriptis Martini Lutheri.* Sie bestimmte die katholische Lutherauffassung bis ins 20. Jahrhundert hinein.

Johann Gropper (1503–1556)

Geboren in Soest als Sohn des Bürgermeisters, studierte er in Köln, trat in die Dienste des Erzbischofs Hermann von Wied, war Scholaster an St. Gereon, Großsiegelbewahrer und wirkte auf der Kölner Provinzialsynode von 1536. Auf der Grundlage seines *Enchiridion* schuf er den Entwurf zum Regensburger Buch von 1541. Der Kölner Reformation widerstand er, rief den Kaiser zu Hilfe und erreichte in Rom die Absetzung Hermanns von Wied. Gropper nahm 1551/1552 am Konzil in Trient teil und wurde 1556 Kardinal. Er starb 1559 in Rom.

Julius von Pflug (1499–1564)

Geboren 1499 in Eytra bei Leipzig als Sohn des Amthauptmanns und späteren Kanzlers Cäsar Pflug, studierte in Leipzig, wo ihn die Humanisten in die Wissenschaft einführten, 1517–1521 in Italien, nach der Rückkehr Rat bei Herzog Georg, mit Pfründen reich begabt, 1530 mit Erasmus in Briefwechsel, mit dem er in seinem kirchlichen Programm übereinstimmte. Pflug vertrat einen Reformkatholizismus und bemühte sich, die Reformation im albertinischen Sachsen zu vermeiden. 1541 wurde er vom Kapitel zum Bischof von Naumburg gewählt. Als Pflug die Wahl annahm, wirkte der Kurfürst Johann Friedrich entgegen. 1545 verhalf der Kaiser Pflug zum Bischofsamt. Der Kaiser ließ ihn den Entwurf zum Interim herstellen, auch bei der Durchführung mitwirken. Im März 1551 war er in Trient. In Naumburg konnte er sich nicht halten und begab sich nach Mainz auf sein Kanonikat. 1564 ist er gestorben.

Georg Witzel (1501–1573)

Geboren 1501 in Vacha; nach schwerer Jugend studierte er 1517 in Erfurt, dann kurze Zeit 1520 in Wittenberg. Dann musste er aber das Studium abbrechen und auf Verlangen des Vaters Priester werden. 1523 schloss er sich der Reformation an, heiratete und verlor seine geistliche Stelle. In Eisenach schloss sich Witzel Jakob Strauß an. Seine Stellung im Bauernkrieg ist umstritten. Kanzler Brück befreite ihn, und Luther empfahl ihn als Pfarrer nach Niemegk. Sein Anliegen war sittliche Besserung des Menschen, darin folgte er Erasmus; für Luthers Lehre hatte er kein Verständnis. Da er mit Campanus Umgang hatte, ging das kurfürstliche Gericht gegen ihn vor. 1531 verließ Witzel sein Pfarramt, ohne zunächst ein neues zu finden. In diesem Jahr war er rege schriftstellerisch tätig. In Eisleben stand er nun wieder als katholischer Pfarrer im ständigen Kampf mit den lutherischen Theologen, bis er nach Dresden berufen wurde. Seine Schrift *Typus ecclesiae prioris* (1540) übte starken Einfluss aus. Seit 1539 führte er ein Wanderleben. Nach 1548 verteidigte er das Interim. Von 1553 ab wohnte er mit seiner Familie noch zwanzig Jahre in Mainz. Auf Anregung Kaiser Maximilians II. schrieb er 1564 die *Via regia,* in der er für den Vergleich der Konfessionen eintrat.

8.2 Erneuerung der Kurie und Konzilspläne

Papst Paul III.

Mit Papst Paul III. (Alessandro Farnese, 1534–1549) beginnt die innerkatholische Reform, auch im Zentrum der Kirche Raum zu gewinnen. Er selbst ist jedoch eher noch ein Papst, der der vergangenen Epoche angehörte. Er liebte den Prunk und die Jagd. Vorzuwerfen ist ihm sein starker Nepotismus und eine den Kirchenstaat ausbeutende Familienpolitik. Trotz dieser Fehler war er sich der Notwendigkeit einer Reform bewusst und nahm sich dieser Aufgabe in ganz anderer Weise an, als sein Vorgänger. Er ist ein Papst des Übergangs und ein Wegbereiter der Reform. Wenn man von seinen Mängeln absieht und das Positive betrachtet, so sind drei Punkte in seinem Pontifikat wesentlich: Er fördert die Reformkräfte in Italien, indem er die die Reformorden unterstützte, 1540 die Jesuiten bestätigte und viele italienische Bischofssitze an reformfreudige Bischöfe vergab. Er erneuert das Kardinalskollegium und berief reformeifrige Männer an die Kurie, die später die treibenden Kräfte der katholischen Erneuerung und die führenden Köpfe des Konzils wurden: Gasparo Contarini, 1483–1542; Marcello Cervini, ist einer der Konzilslegaten während der ersten Sitzungsperiode des Trienter Konzils 1545/1547, 1555 wird er Papst als Marcellus II.; Gian Pietro Carafa, Mitbegründer der Theatiner, Urheber der römischen Inquisitionsbehörde (später: *Sanctum Officium*), 1555–1559 Papst als Paul IV.; zu Kardinälen ernannte er Jacopo Sadoleto, die Engländer John Fisher (damals gefangen) und Reginald Pole, den nachmaligen Konzilslegaten, sowie Giovanni Morone, der als letzter Konzilslegat das Konzil aus der Krise von 1562 herausführte und zu Ende brachte. Die größte Leistung Pauls III., war die Einberufung des Konzils von Trient.

Auf dem Weg zum Konzil

Martin Luther hatte nach seinem Augsburger Verhör durch Cajetan von Wittenberg 1518 an ein zukünftiges, rechtmäßiges, an sicherem Ort einzuberufendes Konzil appelliert und diese Berufung 1520 aus propagandistischen Gründen erneuert. In seiner Schrift »An den christlichen Adel deutscher Nation« hatte er die weltliche Obrigkeit aufgefordert, ein »recht frei Concilium« einzuberufen, das die Verfälschung des Evangeliums durch Scholastik und römische Kurie rückgängig gemacht werden sollte. Der »Kampf um das Konzil« dauerte nunmehr fast ein Menschenalter.

In einem Konzil nach den spätmittelalterlichen Anschauungen eines Marsilius von Padua oder extremer Konziliaristen und nach dem Muster von Konstanz und Basel sah nicht nur das Papsttum eine Bedrohung seiner Existenz, es hätte auch eine Gefahr für die überkommene Kirche insgesamt werden können. Die Stände des deutschen Reichstags aber forderten ein »gemein, frei, universal Concilium«, weil sie die Sache Luthers mit der päpstlichen Bulle *Exsurge Domine* und der Bannung des Wittenberger Professors nicht für endgültig entschieden ansahen. Dem Verlangen nach einem papstfreien Konzil in deutschen Landen, das vom Papst weder einberufen, noch geleitet werden sollte, stand man in Rom mit äußersten Misstrauen gegenüber. Clemens VII. verstand es in den Jahren seines Pontifikates, die Konzilsforderung zu umgehen, ohne ein klares »Nein« auszusprechen. Jahrelang verhandelte man ergebnislos. In dem Widerstreben Roms sah man in Deutschland die Bestätigung für die Vorwürfe Luthers gegen das verdorbene Papsttum. Einen mächtigen Vertreter fand die Konzilsforderung in Karl V.

Der Papstwechsel des Jahres 1534 in Rom änderte zunächst die Lage nicht. Vielmehr stärkte die Absicht des Kaisers, auf dem Konzil vorwiegend über die Reform der Kirche und die Beseitigung der Missstände unter Zurückstellung der dogmatischen Fragen beraten zu lassen, den Widerstand der Reformgegner an der Kurie. Doch war der neue Papst Paul III. zu klug, um nicht zu erkennen, dass dem Konzilsverlangen nachgegeben werden müsse, wollten Kirche und Papsttum nicht alle Glaubwürdigkeit verlieren.

So kam es zu ersten Konzilsberufungen, die aber erfolglos blieben: für den Mai 1537 nach Mantua; für Mai 1538 in das venezianische Vicenza (im Mai 1539 auf unbestimmte Zeit suspendiert); für November 1542 nach Trient. Aber erst die durch Paul III. erneuerte Berufung nach Trient mit der Bulle *Laetare Jerusalem* vom 19. November 1544 führte zum Erfolg.

Das Konzil wurde fast 30 Jahren nach den Thesen Luthers am 13. Dezember 1545 in Trient eröffnet. Bei der Eröffnungssitzung waren nur 31, meist italienische Bischöfe, anwesend. Aus Deutschland waren gar nur zwei Bischöfe in Trient, der Ortsbischof Christoph Madruzzo, seit 1544 Kardinal, und der Mainzer Weihbischof Michael Helding.

Karl V. wusste, dass die Protestanten nie von sich aus dieses päpstliche Konzil besuchen würden, hatte doch Luther 1545 auf Veranlassung des sächsischen Kurfürsten seine Schrift »Wider das Papsttum zu Rom, vom Teufel gestiftet« verfasst, die er in deutscher und lateinischer Fassung nach Trient senden wollte. Der Kaiser plante, zuerst die politisch-militärische Macht der Protestanten, das heißt der Schmalkaldener, zu brechen und dann die Geschlagenen zur Beschickung des Konzils zu zwingen.

Tagungsperioden im Überblick

Das Trienter Konzil tagte in drei Abschnitten:

Die erste Periode umfasste die Jahre von 1545 bis 1547 bzw. 1549. Im März 1547 wurde das Konzil von Trient nach Bologna verlegt. Als Anlass galt eine Typhusepidemie in Trient, der eigentliche Grund war die Furcht vor einem durch die Erfolge im Schmalkaldischen Krieg übermächtigten Kaiser. Am 13. September 1549 suspendierte Papst Paul III. das Konzil.

Die zweite Periode begann am 1. Mai 1551. An dieser zweiten Sitzung nahmen auch viele deutsche Bischöfe teil, darunter die drei geistlichen Kurfürsten von Mainz, Köln und Trier. Auch einige protestantische Stände hatten das Konzil beschickt, so süddeutsche Städte, Württemberg, Sachsen und Brandenburg. Bevor jedoch protestantische Theologen sich in den Sitzungen äußern konnten, war das Konzil infolge des deutschen Fürstenaufstandes wieder zersprengt. Folge des Scheiterns dieser zweiten Periode war es, dass man sich im

Reich auf ein gleichberechtigtes Nebeneinander zweier Konfessionen einigte.

Die dritte Periode wurde am 18. Januar 1562 eröffnet. Auf ihr wurden auch Fragen der Kirchenreform behandelt. Die deutschen Bischöfe und der Kaiser hatten in früheren Zeiten vergeblich gefordert, dass auf dem Konzil die Fragen der Reform vor denen der Dogmatik behandelt würden. Eine schwere Krise des Konzils löste die Frage aus, wie sich päpstliche und bischöfliche Gewalt zueinander verhalten. Es kam zu erregten Auseinandersetzungen, die eine zehnmonatige Unterbrechung des Konzils zur Folge hatten. Gerettet wurde das Konzil durch Kardinal Morone, dem es gelang, das Konzil danach rasch zu Ende zu führen.

8.3 Trient als Antwort auf die Reformation

Bei der Wahl seiner Themen reagierte das Konzil auf die Probleme, die durch die Reformation aufgeworfen worden waren. In seiner Argumentation versuchte es, grundsätzlich die überkommene Tradition zu verteidigen und ließ sich vom Gegensatz zum Protestantismus leiten. Es sind drei wichtige dogmatische Themenkreise, die das Konzil auf Grund der reformatorischen Herausforderung zu bearbeiten hatte. Zunächst ging es um das Verhältnis von Schrift und Tradition (Sessio 4), dann um den Fragenkomplex von Erbsünde und Rechtfertigung (Sessiones 5 und 6), und schließlich um die Lehre von den Sakramenten. (Sessiones 7, 13, 14, 21, 22, 23, 24). In der letzten Sitzung des Konzils wurden dann noch in aller Kürze Fragen des praktisch-kirchlichen Lebens behandelt wie: das Fegefeuer, die Reliquien- und Bilderverehrung (Sessio 25). Etwas seltsam mutet es an, dass die Ausgangsfrage der Reformation, der Ablass, ebenfalls erst in dieser letzten Phase angesprochen wurde, dazu auch noch in unbefriedigender Weise.

Übersicht: Das Konzil von Trient

Päpste	Legaten/Präsidenten	Sessiones	Dekrete
1. Tagungsperiode: 1545–1547 (verlegt nach Bologna, hier bis 1548/49; eine kaiserlich gesinnte Minderheit blieb in Trient)			
Paul III. 1534–1549	*Del Monte*, Giovanni	1.–3.	Verfahrensfragen
(Alessandro Farnese)	*Cervini*, Marcello	4. (8.4.1546)	Schrift und Tradition
	Pole, Reginald	5. (17.6.1546)	Erbsünde
		6. (13.1.1547)	Rechtfertigung; Reformdekrete
		7. (3.3.1547)	Sakramente (allgemein, Anzahl: 7)
		8.–10.	Verlegung (10.3.47) und allmähliche Auflösung
2. Tagungsperiode: 1551–1552 (Beteiligung zahlreicher deutscher Prälaten; Abbruch wegen des Fürstenaufstands im Reich)			
Julius III. 1550–1555	Crescenzio, Marcello	11.–12.	Verfahrensfragen
(Giovanni *Del Monte*)	Pighino, Sebastiano	13. (11.10.1551)	Eucharistie (Realpräsenz); Reformdekrete
	Lippomani, Luigi	14. (25.11.1551)	Buße, Letzte Ölung
		15.–16.	Verfahrensfragen (freies Geleit für die Protestanten)
	[Marcellus II. 1555 (Marcello *Cervini*) / Paul IV. 1555–1559 (Gian Pietro Carafa)]		
3. Tagungsperiode: 1562–1563 (Krise wegen ekklesiologischer Fragen [Frankreich]; keine Beteiligung aus dem Reich)			
Pius IV. 1559–1565	Gonzaga, Ercole († 3.3.1563)	17.–20.	Wiederaufnahme, Verfahrensfragen
(Giovanni Angelo Medici)	Seripando, Girolamo († 17.3.1563)	21. (16.7.1562)	Kommunion (Laienkelch)
	Hosius, Stanislaus	22. (17.9.1562)	Messe als Opfer, Messliturgie
	Simonetta, Ludovico		
	Morone, Giovanni (ab 7.3.1563)	23. (15.7.1563)	Ordo (ohne Primatsdefinition)
	Navagero, Andrea (ab 7.3.1563)	24. (11.11.1563)	Ehe, Reformdekrete
		25. (3./4.12.1563)	Fegefeuer, Heilige/Bilder, Ablass, Orden, Reform

Die Offenbarungsquellen: Schrift und Tradition

Die Frage nach den Glaubensquellen hatte sich seit dem Spätmittelalter immer dringlicher gestellt und war durch das Sola-Scriptura-Prinzip Luthers zum Problem geworden. In der gesamten mittelalterlichen Theologie wurde der Schrift die höchste Autorität zugestanden. Den kirchlichen Traditionen wurde ein nachgeordneter Rang zugemessen. Nachdem aber im Mittelalter verschiedene Häretische Gruppen sich auf das Schriftprinzip berufen hatten, war der Maßstab der kirchlichen Schriftauslegung bestritten. Es ergab sich die Notwendigkeit, einen gültigen Sinn der Schrift festzulegen. Als Instanz bot sich je länger, je mehr das Papsttum im Sinne des leitenden Lehramtes an. Zunehmend wurden auch kirchliche Traditionen berücksichtigt bei der Frage, welches der echte Schriftsinn sei. Gegen Ende des Mittelalters standen Schrift und kirchliche Tradition nahezu gleichrangig nebeneinander. »Luther hat gegen dieses Ergebnis der Geschichte protestiert und gefordert, die Heilige Schrift als die einzige Regel und Richtschnur des kirchlichen Lebens und Urteilens wieder anzuerkennen« (Alfred Adam).

Die Mehrheit der Väter verstand die Tradition als einen die Schrift ergänzenden Offenbarungsstrom. Die Diskussion über diese Frage führte lediglich zu einer leichten Entschärfung des ursprünglichen Entwurfs. Statt *partim – partim* hieß es nun *et – et* in Bezug auf die Frage, wo die Offenbarung zu finden sei. Als Quelle *(fons)* aller Wahrheit und Ordnung wurde sowohl die Schrift als auch die Tradition bezeichnet.

Während in dem Dekret der Umfang der Schrift genau umschrieben wird, bleibt offen, was inhaltlich Tradition meint. Hieraus ergab sich in der Folgezeit eine Rangerhöhung für das kirchliche Lehramt, das jetzt sowohl über die Interpretation der Bibel, wie auch über den Umfang der kirchlichen Traditionen zu entscheiden hatte. Die zwei Autoritäten Schrift und Tradition verlangten gleichsam als Drittes eine Entscheidungsinstanz, sodass von hier die Entwicklung zu der Entscheidung des VaticanumI angelegt ist. Die Frage des Verhältnisses von Schrift und Tradition ist noch auf dem Zweiten Vatikanischen Konzil ein umstrittener Punkt gewesen. In dem Dekret über die Offenbarung *(Dei Verbum)* erklärt das Vaticanum II, die Tradition habe die Aufgabe, die Schrift weiterzugeben. Von einer materiellen Insuffienz der Schrift ist dort nicht mehr die Rede.

Das Erbsündendekret

Da das Konzil vor allem beabsichtigte, sich mit der Rechtfertigungslehre Luthers auseinander zu setzen, musste als Voraussetzung die Frage der Erbsünde geklärt werden. In der Sessio 5, vom 17. Juni 1546 wurde das Dekret über die Erbsünde angenommen. In Übereinstimmung mit der Scholastik wird die Ursünde definiert als Übertretung des göttlichen Gebotes im Paradies durch Adam. Diese Sünde Adams wird übertragen auf seine Nachkommenschaft. Ein für die Auseinandersetzung mit den Reformatoren zentrales Stück betraf das Wesen der Erbsünde. Gegen die Auffassung des Generals der Augustineremiten Seripando und weiterer Theologen, der Nachlass der Erbschuld durch die Taufe verhindere nicht das Zurückbleiben der irgendwie doch sündhaften Konkupiszenz, wie es ähnliches Luther gesagt hatte, erklärte Trient nun, die Erbsünde werde durch die Taufe vollkommen getilgt und die nach der Taufe zurückbleibende Begierlichkeit sei nicht Sünde.

Das Rechtfertigungsdekret

Insofern das Konzil von Trient in der Klärung der Rechtfertigungslehre seine Hauptaufgabe erblickte, hat es sich dem Hauptanliegen Luthers zugewendet und ihm das gebührende historische Gewicht zuerkannt. Von vorn herein muss man aber sagen, dass das Konzil der Lehre Luthers, ohne sie genau zu untersuchen, ein klares Nein entgegensetzen wollte.

Das Dekret über die Rechtfertigung verweist einleitend auf die vorausgegangene Lehrentscheidung über die Erbsünde, die Grundlage dafür ist, nun über die Rechtfertigung sprechen zu können. Durch die Sünde Adams ist die ganze Menschheit unter die Sünde versklavt, jedoch ist der freie Wille keineswegs ausgelöscht. Geschwächt allerdings ist er und hinfällig. Zwar ist der freie Wille nicht in der Lage, selbst das Heil zu erwerben, aber er bleibt doch imstande das Wirken Gottes anzunehmen oder abzulehnen. Die Heilszuwendung selbst wird verstanden als der Erwerb der vollen Gnade. Heilszuwendung ist grundlegende Tat Gottes. Sie ereignet sich in der Taufe und ist Wiedergeburt in den vollen Stand der Christuszugehörigkeit.

Das Wesen der Rechtfertigung besteht aus drei Aspekten, die in sich eine Einheit bilden: Vergebung der Sünden, innere Heiligung und Erneuerung des Menschen sowie freiwilliges Annehmen der Gnade. Betont wird eine wirkliche Gerechtmachung. Hierin versucht das Konzil, sich von Luther abzusetzen, dem unterstellt wird, er lehre eine rein forensische Rechtfertigung. Nach unserer heutigen Kenntnis der lutherischen Rechtfertigungslehre muss man aber davon ausgehen, dass das Konzil Luthers Überzeugung nicht wirklich trifft.

Unterschiede zur lutherischen Auffassung liegen in der tridentinischen Deutung des Gnadenstandes als eines zuständlichen Seins, das zwar reines Geschenk ist, dann aber vom Christen durch eigene verdienstliche Kraftanstrengung festzuhalten ist. Die Gnade ist etwas Ontisches, Objektives, das dem Menschen anhaftet. Luther sieht die christliche Existenz in einem ständigen Werdeprozess, der als Christi gegenwärtiges Wirken und Leben im Menschen zu verstehen ist.

Die lutherische Heilsgewissheit wird abgelehnt, weil der Mensch im Blick auf seine Schwäche nie gewiss sein könne, ob er diese objektiv in ihm haftende Gnade tatsächlich besitze. Luther dagegen spricht von der Heilsgewissheit deshalb, weil das einzige Prinzip dieser Gewissheit, Gottes Zusage an uns ist. Anstelle der Heilsgewissheit Luthers tritt im Rechtfertigungsdekret die Empfehlung das Bußsakrament häufig zu benutzen, da es in der Lage ist, die verlorene Gnade stets wiederzugewinnen und darüber hinaus die Gnadenkraft mehrt und damit auch die Verdienstlichkeit der Werke.

Der Unterschied kommt dadurch zustande, dass das Konzil in der Rechtfertigung einen göttlichen Rechtsakt, d.h. ein Feststellungsurteil sieht, das am Ende des Lebens über den »objektiven« (d.h. gnadenhaften) Zustand des Menschen gefällt wird. In seinem Dekret versucht das Konzil diesen Rechtfertigungsweg als tatsächliches Erleben des Menschen zu umschreiben. Bei Luther ist die Rechtfertigung ein prinzipielles Geschehen. Wenn ich im Glauben gerechtfertigt bin, gehöre ich grundsätzlich auf die Seite Gottes. Diese neue, prinzipielle Zugehörigkeit wird auch mein künftiges Handeln bestimmen und mich immer mehr zu der Heiligkeit führen, die mir jetzt schon anfänglich geschenkt ist.

Der Hauptgegensatz zwischen tridentinischer und lutherischer Rechtfertigungslehre dürfte in dieser unterschiedlichen Denkstruktur liegen, ontologisch-objektiv auf der einen Seite, personal-existenziell auf der anderen. Dies sind jedoch nur zwei Aspekte, die sich nicht gegenseitig ausschließen müssen. Diese zugrunde liegenden unterschiedlichen philosophischen Anschauungen brauchen nach Auffassung der meisten ökumenisch ausgerichteten Theologen keinen Gegensätze in der Theologie zu bedeuten, sodass es 1999 zur Verabschiedung der »Gemeinsamen Erklärung zur Rechtfertigungslehre« kommen konnte.

Die Sakramente im Allgemeinen; Taufe und Firmung

Noch während der ersten Tagungsperiode wandte sich das Konzil dem dritten von der Reformation aufgeworfenen Problemkreis zu, nämlich der Frage nach den Sakramenten. Hierzu heißt es: »Zum Abschluss der heilsamen Lehre von der Rechtfertigung, welche die Väter in der letzten Sitzung einstimmig verkündeten, schien es angemessen, von den Heiligen Sakramenten zu handeln, durch die jede wahre Gerechtigkeit beginnt, wächst oder nach dem Verlust wiederhergestellt wird«.

In der 7. Sessio vom 3. März 1547, wurde das *Decretum de sacramentis* veröffentlicht. Festgelegt wird die Siebenzahl der Sakramente. Luthers Lehre, die Sakramente wirkten das Heil allein durch den Glauben, wird abgelehnt. Betont wird der objektive Charakter der Sakramente. Sodann wurden die allgemeinen Aussagen auf Taufe und Firmung angewendet.

In seiner zweiten und dritten Sitzungsperiode wurden die weitern Sakramente abgehandelt. Insgesamt antwortete das Konzil damit auf den heftigsten Angriff Luthers gegen die mittelalterliche Kirche, die er in sein Schrift von der Babylonischen Gefangenschaft der Kirche vorgetragen hatte.

8.4 Deutsche auf dem Konzil: Zweite Tagungsperiode

Die zweite Tagungsperiode ist durch vier Merkmale gekennzeichnet: Die weitere dogmatische Klärung in der Sakramentslehre; die Gegnerschaft Frankreichs gegen das Konzil; die große Teilnahme deutscher Bischöfe und Theologen am Konzil; die Anwesenheit von Protestanten.

Durch ein Bündnis des französischen Königs Heinrich II. mit den deutschen Protestanten unter Führung des sächsischen Kurfürsten Moritz, kam es Anfang 1552 zu einem Aufstand im Reich. Er führte zu einer Niederlage des Kaisers. Der Kaiser erwies sich als zu schwach, das Reich zu schützen und die Territorien der in Trient weilenden deutschen Bischöfe vor Übergriffen zu bewahren. Daher entschlossen sich die deutschen Bischöfe aus Trient abzureisen, um selbst den Schutz ihrer Territorien zu übernehmen. Nach der Abreise der deutschen Bischöfe im März 1552 wurde das Konzil am 28. April 1552 suspendiert.

Während der ersten Periode waren Deutsche so gut wie nicht vertreten. Anders verhielt es sich während der zweiten Sitzungsperiode. An der Spitze standen die drei Geistlichen Kurfürsten Sebastian von Heusenstamm aus Mainz, Johann von Isenburg aus Trier und Adolf von Schaumburg aus Köln. Sie trafen Ende August 1551 in Trient ein (der Kölner erst im Oktober). Während der Mainzer Erzbischof gut auf das Konzil vorbereitet war, und mit wichtigen Voten mehrfach in die Debatte eingegriffen hat, konnte der Trierer Bischof kaum Latein und beschränkte sich darauf, jeweils der Meinung des Mainzers zuzustimmen.

Außer den drei Kurfürsten waren anwesend: Die Bischöfe von Straßburg (Erasmus von Limburg), Konstanz (Christoph Metzler) und Chur (Thomas Planta). Bis zum Januar 1552 trafen insgesamt 14 deutsche Bischöfe ein, davon allerdings fünf Weihbischöfe. Die Zahl war nicht sehr groß, stellte aber die höchste deutsche Beteiligung in Trient dar. Außer den Bischöfen waren einige bedeutende deutsche Theologen auf dem Konzil anwesend. Zu nennen sind Ambrosius Pelargus, der Theologe des Trierer Bischofs, Johannes Gropper und Eberhard Billick aus Köln. Theologisch sehr gebildet und auf dem Konzil von großem Einfluss war der Bischof von Wien, Friederich Nausea.

Die zweite Konzilsperiode ist auch dadurch gekennzeichnet, dass einige deutsche Protestanten auf dem Konzil anwesend waren. So sollte ein letzter Versuch unternommen werden, die Einheit zwischen den Religionsparteien herzustellen. Die Initiative ging vom Kaiser aus. Bereits nach seinem Sieg über die Schmalkaldener 1547 hatte er versucht, die Protestanten zur Teilnahme am Konzil in Trient zu bewegen. Dieser Versuch war zunächst gescheitert, wegen der Verlegung bzw. Vertagung des Konzils. Die Neuberufung des Konzils im Jahre 1551 ermöglichte nun doch noch Aussichten auf Erfolg des ursprünglichen kaiserlichen Plans. Die ersten protestantischen Gesandten trafen im Herbst 1551 in Trient ein, andere kamen unmittelbar vor Auflösung des Konzils im Januar 1552 in der Konzilsstadt an. Es handelt sich vor allem um Gesandte der weltlichen Fürsten. Aus Straßburg war Johannes Sleidanus, ein bedeutender Historiker der Protestanten, erschienen; aus Brandenburg ein Gesandter (Christoph von der Strassen), aus Württemberg Gesandte (Hans-Dietrich von Plieningen und Hans-Heinrich Hecklin) und Theologen, aus Kursachsen Gesandte (Wolfgang Koller und Leonhard Badehorn). Die Gesandten waren nicht für theologische Verhandlungen vorgesehen, sondern sollten die Ankunft der protestantischen Theologen vorbereiten. Die bereits auf der Reise nach Trient befindlichen sächsischen Theologen Erasmus Sacerius, Valentin Paceus und vor allem Philipp Melanchthon erfuhren in Nürnberg vom Fürstenaufstand und dem bevorstehenden Abbruch des Konzils.

Die Nachricht vom Fürstenaufstand im Reich ließ sogleich die Konzilstätigkeit erlahmen. Als die Kurfürsten vom Kaiser keine hinreichenden Sicherheiten erhielten, entschlossen sie sich zur Abreise. Damit war die zweite Konzilsperiode geplatzt.

8.5 Erneuerung der Kirche: Dritte Tagungsperiode

Wiederaufnahme des Konzil nach zehnjähriger Unterbrechung

Papst Julius III. hatte im Herbst 1550, wie schon sein Vorgänger Paul III. den Plan gefasst, eine Deputation mit der Reform der römischen Kurie zu beauftragen. Als Anhänger der Reformpartei berief er Marcello Cervini, Reginald Pole und Giovanni Morone nach Rom.

Die ursprüngliche Absicht, der Weiterführung des Konzil durch eine päpstliche Kurienreform zuvorzukommen, wurde dann aber nicht ausgeführt. Julius III., der kein Konzil wollte, starb am 23. März 1555. Seripandos Urteil über den Papst, er habe die Kirchenreform weder versprochen noch vollbracht *(nec dixit nec fecit)*, ist wohl zu scharf, aber aus der Ungeduld des reformeifrigen Kardinals erklärbar. Immerhin hatte Julius III. die Reformpartei in Rom so sehr gestärkt, dass sie den nächsten Papst stellen konnte. Es war Marcello Cervini, der seinen Geburtsnamen beibehielt und sich als Papst Marcellus II. nannte. Marcellus war zur Durchführung der Reform bereit. Er kann als der erste Papst der katholischen Reform bezeichnet werden. Jedoch starb er bereits nach 22 Tagen am 30. April 1555.

Im nächsten Konklave wurde Gian Pietro Carafa zum Papst gewählt. Er nannte sich Paul IV. (1555–1559). Wegen seiner stark ausgeprägten papalen Anschauungen vertrat er die Auffassung, nicht ein Konzil, sondern der Papst selbst hätte die Reformen durchzuführen. Deshalb lehnte er eine Neuberufung des Konzils ab.

Aus dem folgenden Konklave, das über drei Monate dauerte, ging schließlich der Mailänder Giovanni Angelo Medici hervor. Er nannte sich Pius IV. (1559–1565). Von seiner Herkunft gehörte er nicht zur Reformpartei, setzte sich aber für die Wiederaufnahme des suspendierten Konzils ein. Am 18. Januar 1562 konnte die dritte Tagungsperiode in Anwesenheit von 109 Kardinälen und Bischöfen, vier Äbten und vier Ordensgeneralen vor allem aus Italien, Frankreich und Spanien eröffnet werden. Aus dem Reich nahmen keine Bischöfe teil, weil sie den Augsburger Religionsfrieden nicht gefährden wollten. Das Konzil setzte dort wieder ein, wo es 1552 aufgehört hatte, bei der Frage der Eucharistie.

Der Streit um die Ekklesiologie und die Krise des Konzils

Nachdem der Problemkreis der Eucharistie abgehandelt war, wandte sich das Konzil den Fragen der Ekklesiologie, näherhin dem Amt in der Kirche zu. Hierzu sollten sowohl Reform- wie auch Lehrdekrete verabschiedet werden. In der Sessio 22 vom 17. September 1562 kam es wegen eines Reformdekrets zum Streit, das Missstände im diözesanen Bereich abstellen sollte. Gegen dieses Dekret und die bisherige Behandlung der Reformfrage wurde von verschiedenen Seiten bei den Legaten Protest eingelegt, weil nämlich die eingereichten Reformdenkschriften spanischer und portugiesischer Bischöfe, sowie das Reformlibell des Kaisers fast unberücksichtigt geblieben waren.

Die Krise wurde verschärft, als am 13. November 1562 Charles Guise, der Kardinal von Lothringen, mit dreizehn französischen Bischöfen in Trient einzog. Nach kurzer Orientierung schlugen sich die Franzosen auf die Seite der Opposition. Debattiert wurde über das zurückgestellte Residenzdekret, in der es um die Frage ging, ob ein Bischof verpflichtet ist, in seiner Diözese zu residieren, sowie über das Weihesakrament. Näherhin ging es um das Eigenrecht des bischöflichen Amtes und um das Verhältnis von Primat und Episkopat. In einem Entwurf vom Januar 1562 hatte es geheißen, das bischöfliche Amt sei *iure divino.* Diese Aussage fehlte nun in den Vorlagen, die im September 1562 zur Beratung anstanden.

Neben dem Verhältnis von Papst und Bischöfen stand auch das Verhältnis von Bischöfen und Priestern zur Debatte. Im *Decretum Gratiani,* dem mittelalterlichen Rechtsbuch der Kirche, war der berühmte Brief des Hieronymus (Epistula 146) aufgenommen worden, dass es in der apostolischen Kirche keinen Unterschied zwischen Bischöfen und Presbytern gegeben habe. Auf diese Aussage des Hieronymus hatten sich die Reformatoren, vor allem Luther, mehrfach bezogen. Eine große Anzahl von Bischöfen, einschließlich ihrer Theologen, bestand jedoch auf einer wesentlichen Unterscheidung von Bischöfen und Priestern. Die Bischöfe stünden über den Priestern kraft göttlichen Rechts, denn die Bischofskonsekration verleihe eine Vollmacht, die der einfache Priester nicht besitze, nämlich das Priestertum weiterzugeben *(alios presbyteros generare),* erst der Bischof sei der vollendete Priester. Letztlich ging es um die Frage, ob der Bischof kraft seiner Weihe die Fülle seiner Amtsgewalt innehabe, d. h. nicht nur die Weihevollmacht, sondern auch die Jurisdiktion.

Ein großer Teil der französischen und italienischen Bischöfe sowie der Spanier, die die Oppositionsgruppe stellten, vertraten die Auffassung, dass die Bischofskonsekration die Fülle des Priestertums verleihe und den Bischof über den einfachen Priester erhebe. Eingeschlossen sei hierin auch die Jurisdiktion. Allerdings hänge die Ausübung *(exercitium)* der Jurisdiktion von der Zuweisung eines Sprengels durch den Papst ab. Eine gegenteilige Auffassung vertraten die Kanonisten. Sie waren der Ansicht, die Bischofskonsekration verleihe lediglich die Weihegewalt, nicht jedoch die Leitungsgewalt (Jurisdiktion). Sie werde in ihrem ganzen Umfange allein vom Papst verliehen und stamme von ihm ab.

Der Streit über diese wichtigen ekklesiologischen Fragen zog noch andere Kontroversen nach sich, auf die hier nicht weiter eingegangen werden kann. Die Fronten waren derart verhärtet, dass die Konzilsarbeit über zehn Monate lang lahmgelegt war und letztlich ganz zu scheitern drohte. Diese große Konzilskrise wurde erst überwunden, als Anfang März 1563 die beiden leitenden Kardinäle Gonzaga (am 2. März) und Seripando (am 17. März) starben. Das Konzil erhielt in Giovanni Morone einen neuen Präsidenten, der das volle Vertrauen des Papstes genoss. Ihm gelang es, die Arbeit wieder aufnehmen zu lassen und von Mitte Juli bis Dezember 1563 das Konzil zu einem Abschluss zu bringen.

Im Bezug auf das Verhältnis von Priestertum und Bischofsamt hat sich das Konzil, wie die meisten Kanonisten des Mittelalters, dafür entschieden, dem Bischofsamt einen eigenen Rang im Ordo zuzugestehen, obwohl man nicht erklären konnte, wie dies mit der Siebenzahl der Sakramente in Einklang zu bringen sei. Während des Konzils übten nur strenge Thomisten, wie Domingo de Soto hieran Kritik. In der gleichen Sitzung vom 14. Juli 1563 wurde in einem Reformdekret den Bischöfen die Residenzpflicht eingeschärft, die als göttliches Gebot bezeichnet wurde.

Ehe als Sakrament und »Tametsi«

Für das praktische Leben der meisten Laien innerhalb der katholischen Kirche gewannen die Bestimmungen zur Sakramentalität der Ehe Bedeutung. Das kirchenrechtliche Interesse am Ehesakrament wurde auch deutlich in einem weiteren, in der Folgezeit wirkungsvollen Dokument. Das Dekret *Tametsi,* das ebenfalls in der 24. Sitzung vom 11. November 1563 promulgiert wurde, reformierte die Form der Eheschließung. Verboten wurden die klandestinen (heimlichen) Ehen. Die Gültigkeit künftiger Ehen wurde abhängig gemacht, von der *Forma Tridentina,* das heißt dem Austausch des Ehekonsenses vor dem zuständigen Pfarrer und zwei bis drei Zeugen. Die Pfarrer wurden zur Führung von Tauf- und Traumatrikeln verpflichtet.

Abschluss des Konzils

Nachdem mit dem Ehedekret alle Sakramente behandelt worden waren, hatte das Konzil seine wesentlichen Aufgaben erfüllt. Der leitende Legat Morone drängte nun auf einen schnellen Abschluss. Die Schlusssitzung sollte Mitte Dezember 1563 stattfinden, wurde aber, als die Nachricht von einer Erkrankung des Papstes eintraf, auf den 3. und 4. Dezember 1563 vorgezogen. In der Sitzung am 3. Dezember wurden drei Dekrete verabschiedet:

Ein kurzes Dekret befasst sich mit dem Fegfeuer. Gegen den reformatorischen Einspruch wird behauptet »Es gibt einen Reinigungsort und die dort festgehaltenen Seelen finden eine Hilfe, in den Fürbitten der Gläubigen, vor allem aber in dem Gott wohlgefälligen Opfer des Altars«. Eine biblische Begründung wird nicht versucht. Die Prediger werden gewarnt, die Gläubigen durch volkstümliche Predigten zu verwirren.

Da die Reformatoren auch die Verehrung und Anrufung der Heiligen und der Reliquien abgelehnt hatten, äußerte sich das Konzil ebenfalls zu dieser Frage. Die Fürbitte der Heiligen, ihre Anrufung, sowie die Verehrung ihrer Reliquien wird gutgeheißen: »Ferner soll man Bilder Christi, der jungfräulichen Gottesmutter und der anderen Heiligen, vor allem in den Kirchen haben und beibehalten«. Die Bilder sollen die Gläubigen an die Wohltaten Gottes ermahnen. Missbräuche jedoch sind abzuschaffen.

Schließlich legte das Konzil noch ein Reformdekret vor, das die Pflichten der Bischöfe und der Kardinäle umriss. Es gab Anweisungen zur Durchführung von Visitationen und zur Verwaltung kirchlicher Hospitäler. Neugeordnet wurde das Patronatsrecht. Streng sollte man gegen Konkubinarier vorgehen. Weitere Missbräuche sollten abgestellt werden.

In einem Rahmengesetz wurden auch Ausführungen zu den Orden gemacht. Die bestehenden Ordenskonstitutionen wurden nicht aufgehoben, jedoch wurden Richtlinien für die

Aufnahme neuer Mitglieder, über das Noviziat, die Armut und die Klausur aufgestellt.

Die Revision des »Index der verbotenen Bücher«, die Reform des Messbuchs und des Breviers sowie eine Zusammenstellung des Katechismus konnten nicht zu Ende geführt werden und wurde den Päpsten anheim gestellt.

Auf Druck des Kaisers nahm das Konzil schließlich in seiner allerletzten Sitzung am 4. Dezember 1563 noch zu der Ausgangsfrage der Reformation Stellung, nämlich zu den Ablässen. Das Dekret versucht keine biblische Begründung des Ablasswesens. Es wird lediglich behauptet, dass die Kirche von Christus her die Vollmacht habe, Ablässe zu gewähren: »Doch wünscht die heilige Kirchenversammlung, dass man bei der Verleihung von Ablässen nach altem, bewährtem Brauch der Kirche Maß halte, damit nicht bei zu großer Nachgiebigkeit die kirchliche Zucht entkräftet werde«. Missbräuche sollen abgestellt und jede Gewinnsucht ausgeschlossen werden.

In der Abschlussversammlung wurden noch einmal sämtliche Dekrete aller drei Tagungsperioden verlesen, von den Bischöfen bekräftigt und durch ihre Unterschrift angenommen. Es unterschrieben sechs Kardinäle, drei Patriarchen, 25 Erzbischöfe, 129 Bischöfe, sieben Äbte und sieben Ordensgeneräle.

Bestätigung des Konzils

Papst Pius IV. hat am 26. Januar 1564 alle Dekrete mündlich in einer Kardinalskongregation bestätigt und in Kraft gesetzt. Die schriftliche Bestätigung erfolgte durch die auf den 26. Januar vordatierte Bulle *Benedictus Deus* vom 30. Juni des gleichen Jahres.

Noch während des Konzils war in Trient beschlossen worden, dass künftig alle kirchlichen Würdenträger ein Glaubensbekenntnis und eine besondere Gehorsamsleistung gegenüber dem römischen Papst ablegen sollten. Auf Drängen des Petrus Canisius wurde eine Formel zusammengestellt, die die wesentlichen Ergebnisse des Konzils enthält und die von Pius IV. mit der Bulle *Iniunctum nobis* vom 13. November 1564 publiziert wurde. Dieses Bekenntnis ist unter dem Namen *Professio fidei tridentina* bekannt geworden.

Die Ablegung der Professio war allen Bischöfen, Ordensoberen und den Doktoren der Theologie vorgeschrieben. Als Bekenntnis des katholischen Glaubens war die Professio bis ins 20. Jahrhundert in Gebrauch.

8.6 Zur Bedeutung und Nachwirkung des Konzils

In seiner Berufungsbulle *Laetare Jerusalem* hatte Papst Paul III. dem Trienter Konzil drei Aufgaben gestellt: Beseitigung der Zwietracht im Glauben, Reform des christlichen Volkes, Friedensstiftung unter den Völkern des Abendlandes.

Die erste Aufgabe, die Zwietracht im Glauben (Dogma) zu beseitigen, stand in den Augen Pauls III. und aller seiner Nachfolger während des Konzils im Vordergrund. Die weltlichen Mächte, Kaiser Karl V. und sein Bruder und Nachfolger, Kaiser Ferdinand I. sowie auch die meisten deutschen Bischöfe, sahen in der Kirchenreform (Beseitigung von Missständen) die Hauptaufgabe. Der dritte Programmpunkt der Friedensstiftung erwuchs aus einem mittelalterlichen Denken, das dem Papsttum eine europäische Führungsrolle zuwies. Der Papst wollte die christlichen Völker des Abendlandes einen, um so gemeinsam gegen das Vordringen der Türken, die 1529 vor Wien gestanden hatten, vorgehen zu können. Die Friedensstiftung in Europa hat das Konzil nicht versucht und deshalb hat es hier auch keine Lösungen vorzuweisen.

Die beiden anderen Aufgaben ist das Konzil angegangen. Wichtige, theologisch umstrittene Fragen, auch innerhalb der

Kirche, konnten geklärt werden, wie die des Verhältnisses von Schrift und Tradition, die Rechtfertigungslehre und die Sakramentslehre. Die Kontroverslehren, an denen sich die Spaltung entzündet hatte, nämlich die Lehre vom Ablass, von der Verehrung der Heiligen, ihrer Reliquien und Bilder, wurde allerdings erst ganz am Schluss des Konzils nur äußerst summarisch behandelt. Die sonst üblichen Debatten der Theologen und Konzilsväter fanden zu diesen Themen nicht statt. Am heftigsten umkämpft auf dem Konzil war die Lehre von der Kirche, von ihrem Lehramt, von ihrer hierarchischen Gliederung, vom Verhältnis des Petrusamtes zum Bischofsamt, von ihrem Mysteriencharakter und von ihrer Autorität. In diesen Fragen haben sich die Konzilsväter nicht einigen können, die innerkatholischen Meinungsverschiedenheiten waren zu groß. Auf dem Konzil bestand ein Gegensatz zwischen zumeist aus der Kurie stammenden Papalisten und Kirchenjuristen einerseits sowie andererseits den Episkopalisten, vor allem den Spaniern, und den Gallikanern bzw. Konziliaristen, in der dritten Periode vornehmlich den Franzosen.

Erfolge hat es auch bei den Bemühungen um Kirchenreform gegeben. Einige gravierende Missstände wurden benannt und abgeschafft. Dies bezieht sich vor allem auf eine Reform des Klerus. Seine Ausbildung sollte verbessert werden, außerdem wurde die Residenzpflicht eingeschärft. Es gelang jedoch nicht, alle Reformforderungen, die vor dem Konzil gestellt worden waren, zu verwirklichen. Papst Pius IV. hatte während der laufenden dritten Konzilsperiode versucht, eine Selbstreform der kurialen Behörden sowie eine Reform der römischen Ämter und Benefizialpraxis durchzuführen. Dies hatte zunächst wenig Erfolg gehabt, jedoch haben die Reformimpulse des Konzils in der nachkonziliaren Zeit dazu geführt, dass die Kurie neu geordnet wurde. Bestimmte Aufgaben, wie die Herausgabe eines neuen »Index der verbotenen Bücher«, die Herausgabe eines Katechismus sowie die Überarbeitung der Mess- und Brevierbücher wurde ebenfalls erst nach dem Konzil durchgeführt. Entscheidend dafür, dass diese Ansätze des Konzils aufgegriffen worden sind, war es, dass alle folgenden Päpste der Reform nahe standen und in ihrem Geist weiterwirkten.

Das Konzil besiegelte die bereits bestehende Kirchenspaltung. Dies geschah einerseits durch die Lehrdekrete, die in scharfer Abgrenzung von den Reformatoren formuliert worden waren, zunächst gegen die Lutheraner, in der dritten Phase hauptsächlich gegen die Calviner, die in Frankreich ähnliche Zustände zu schaffen schienen, wie sie zuvor in Deutschland zu beobachten gewesen waren. Die vermeintlichen Gegner der Kirche hoffte man durch eine Stärkung des römischen Zentralismus abwehren zu können.

Neben dieser eher negativen Sicht ist positiv hervorzuheben, dass das Konzil dem innerkirchlichen Leben, sowohl durch seine Lehr- als auch durch seine Reformdekrete neue Impulse verlieh. Papst Pius IV. hatte die Dekrete ohne Abstriche promulgiert und fühlte sich an sich gebunden und wies damit seinen Nachfolgern den Weg. Die Päpste bis zum Ende des 16. Jahrhunderts trugen wesentlich dazu bei, dass die Beschlüsse des Tridentinums nicht das Schicksal vieler früherer Konzilien erlitten, nämlich toter Buchstabe zu bleiben.

Das Konzil von Trient ist ein Konzil der, wie man sich eingestehen musste, römisch-katholischen Kirche gewesen. Das wichtigste Ziel, die Einheit bzw. die Überwindung der Glaubensspaltung, hat das Konzil nicht erreicht. Weder zu den Ostkirchen konnten Kontakte geknüpft werden, noch zu den Kirchen der Reformation. Das Konzil und seine Ergebnisse trugen dazu bei, dass auch die katholische Kirche zur Konfession wurde. Die Uniformität des katholischen Lebens in der nachtridentinischen Zeit ist vom Konzil selbst nicht intendiert worden, jedoch war sie eine Folge des dort sich bereits abzeichnenden Zentralismus.

Während das Konzil innerkirchlich einigend, reformierend und erneuernd wirkte, hat es nach außen die Kircheneinheit nicht nur nicht erreicht, sondern weiter abgrenzend und spaltend gewirkt. Die Protestanten lehnten das Konzil ab, zunächst aus formalen Gründen, weil es nicht »frei« gewesen sei. Unter »frei« hatten sie papstfrei verstanden. Nach ihrer Überzeugung hätte das Konzil aufgrund der Schrift über die kirchliche Tradition, den Papst und Bischöfe zu Gericht sitzen sollen. Die wesentlichen Vorwürfe gegen die Lehrdekrete des Konzils von Trient hat der Braunschweiger Superintendent Martin Chemnitz (1522–1586) zusammengefasst (*Examen concilii Tridentini,* 1565–1573). Sein Haupteinwand gegen die Dekrete von Trient ist die seiner Meinung nach dort festzustellende Nichtbeachtung des Sola-Scriptura-Prinzips. Das Werk hatte ungeheuere Wirkung und wurde schnell in verschiedene Sprachen übersetzt. Bis ins 19. Jahrhundert hinein wurde es von protestantischen Theologen benutzt, um gegen das Trienter Dogma anzukämpfen.

Der inneren Festigung und Straffung der katholischen Kirche durch das Konzil von Trient entspricht tatsächlich auf der anderen Seite eine gewisse Vereinseitigung und Uniformität. Auch diese Entwicklung kann noch in gewissem Sinn als positiv angesehen werden, weil nur hierdurch die Reformansätze des Konzils schließlich durchgesetzt werden konnten. Allerdings hat dann das Konzil von Trient, obwohl es in seiner Aussageabsicht einseitig und scharf abgrenzend gegen die Reformatoren gewesen ist, eine gleichsam normierende Funktion innerhalb der Kirche erhalten. Hierbei wurde in der Folgezeit nicht immer der historische Kontext und die dadurch gegebene zeitliche Bedingtheit der Aussagen beachtet.

Das Konzil war in den folgenden Jahrhunderten nicht nur ein Streitpunkt zwischen Katholiken und Protestanten, sondern auch unter den Katholiken selbst, wo sich Papalisten, Gallikaner und Episkopalisten gegenüberstanden. Je stärker die römische Führung spürbar wurde, umso offensichtlicher drängte sich die in Trient nicht entschiedene Kontroverse über die Stellung der Bischöfe in den Vordergrund. Wirksam wurde sie im Gallikanismus in Frankreich, in Febronianismus im Reich, und schließlich wirkte sie sich aus in der Französischen Revolution und in der Säkularisation zu Beginn des 19. Jahrhunderts.

Auswirkungen im Reich

Durch das Konzil von Trient hatte die Reformation auch die katholische Kirche erreicht. Nach den dogmatischen Entscheidungen und den Reformdekreten war sie nicht mehr die gleiche wie zu Beginn des Jahrhunderts. Die von Martin Luther ausgegangene Reformation hat, wenn man so will, die gesamte abendländische Christenheit erfasst. Jedoch gelang es nicht mehr, die Gesamtkirche zu reformieren, vielmehr vollzog sich die Erneuerung in unterschiedlichen Kirchenwesen oder Konfessionen.

Die in Trient beschlossenen Reformen fanden in der katholischen Kirche des Reiches nicht sofort Eingang. Sie wurden offiziell erst über eine Periode von vielen Jahrzehnten hin eingeführt. Der Grund hierfür war, dass auch die katholischen Reichsfürsten einschließlich der Bischöfe den auf Reichsebene beschlossenen Augsburger Religionsfrieden nicht gefährden wollten. Trotz aller Unterschiede und Kontroversen bestand zwischen den Reichsfürsten unterschiedlicher Konfessionalität ein gemeinsames Interesse am Fortbestand des Reiches und an der Funktionsfähigkeit seiner Institutionen. Die theologischen Beschlüsse des Trienter Konzils fanden vor allem durch die Predigt und Lehre der Jesuiten allmählich Eingang in den kirchlichen Alltag. Einige Reformen, vor allem hinsichtlich der Sakramentalität der Ehe und der Durchführung der Formpflicht bei der Eheschließung wurden auch ohne offizielle Einführung von den meisten Bischöfen praktiziert.

Insgesamt führte das Konzil von Trient auch im Reich zu einer Stärkung der katholischen Reichsstände. Von einer gesicherten Position aus versuchten sie in der zweiten Hälfte des 16. und in der ersten Hälfte des 17. Jahrhunderts die sich ihnen bietende Möglichkeit zu nutzen, als Landesherrn in ihren Territorien den Einfluss der Reformation zurückzudrängen, zugunsten einer einheitlichen katholischen Konfession. Diese Vorgänge werden häufig unter dem Begriffen »Gegenreformation« oder neuerdings auch »katholische Konfessionalisierung« dargestellt. Die innere Erneuerung der katholischen Kirche und die rechtliche Festigung ihrer Position im Reich auf der Grundlage des Reservatum Eccelsiasticum, führte im 17. Jahrhundert zu einem erstaunlichen Aufschwung katholischen Lebens im Zeitalter des Barock.

Schlussbemerkungen

Die von der Reformation intendierte Erneuerung der Gesamtkirche gelang im 16. Jahrhundert nicht mehr, es kam zwar zu einer allgemeinen Reform, sie vollzog sich aber unterschiedlich akzentuiert in verschiedenen Konfessionen. Vierzig Jahre nach Luthers Thesen scheiterte 1557 in Worms das letzte Religionsgespräch des 16. Jahrhunderts, das einen Religionsvergleich im Reich zum Ziel hatte, an innerprotestantischen Divergenzen. Statt zur Kirchenreform war es zur Konfessionalisierung gekommen. Dafür gab es primär theologische Gründe, aber auch politische, soziale und kulturelle Aspekte hatten hierzu beigetragen. Nach Abschluss des Trienter Konzils war auch die katholische Kirche nicht mehr die gleiche wie um 1500. Die von Luther ausgehende Reformation hatte auch ihr eine Überprüfung ihres theologischen und praktischen Zustandes abverlangt.

Die Auflösung der mittelalterlichen Christianitas, die auf staatlichem Gebiet in den entstehenden Nationalstaaten schon weiter vorangeschritten war, erfasste in der Reformation auch die Kirche. Durch die für das Mittelalter und die frühe Neuzeit charakteristische enge Verbindung von Kirche und Staat war es zwar schon im Spätmittelalter zu einer Parzellierung der Kirche im Sinn unterscheidbarer Rechtseinheiten gekommen, aber es bestand noch die Einheit des gemeinsamen Glaubens. Die Reformation führte nun zu einer Parzellierung der Kirche auf der Grundlage unterschiedlicher Glaubensbekenntnisse, eben zu Konfessionen.

Mit der Zulassung von zwei und nach dem Westfälischen Frieden 1648 von drei Konfessionen war der Weg zur Säkularisierung des Staates beschritten. Der moderne Staat, dessen Bürger unterschiedlichen Konfessionen angehören, schuf sich im für alle verbindlichen Recht eine nichtreligiöse Wertegrundlage. In einem säkularen Staat wie wir ihn heute haben, kann die Kirche nicht mehr mit einer rechtlichen Absicherung ihrer Existenz rechnen wie in der Reformationszeit. Befreit von der Indienstnahme durch den Staat haben die Konfessionen bzw. die Kirchen und kirchlichen Gemeinschaften die Chance sich nicht mehr als Antagonisten, sondern als Teilaspekte der einen Kirche Jesu Christi zu verstehen, die nicht mehr auf staatlichen Schutz verwiesen ist, sondern auf ihre Glaubwürdigkeit und Überzeugungskraft. Im modernen europäischen Einigungsprozess wird versucht, auf freiwilliger Basis und zu gegenseitigem Nutzen der Beteiligten, ohne deren Besonderheit und die Vielfalt ignorieren zu wollen, die Parzellierung Europas in Nationalstaaten zu überwinden. In einer so sich verändernden Welt bietet sich auch für die christlichen Kirchen die Möglichkeit, ihre Eigenheiten, ihre theologischen Akzentsetzungen und historischen Erfahrungen ohne Aufgabe der je eigenen Identität zusammenzuführen.

Anhang

Zeitttafel

Profangeschichte		Kirchengeschichte	
1509–47	Heinrich VIII. von England	1512–17	5. Laterankonzil
1515–47	Franz I. von Frankreich	1513–21	Leo X.
		1516	Konkordat von Bourges
		1517	Thesenveröffentlichung Martin Luthers
1519–56	Karl V. (1530 Kaiser)	1519	Leipziger Disputation
		1520	*Exsurge Domine* (Bannandrohungsbulle)
1521	Reichstag zu Worms (Wormser Edikt)	1521	*Decet Romanum Pontificem* (Bannbulle)
1521–26	Krieg Karls V. gegen Franz I.	1521/22	Luther auf der Wartburg
1522/23	Sickingsche Fehde	1522/23	Hadrian VI.
1522–24	Reichstage zu Nürnberg	1523–34	Clemens VII.
1524	Regensburger Bündnis		
1524/25	Bauernkrieg		
1525	Dessauer Bündnis		
1526	Reichstag zu Speyer		
1526	Torgauer Bündnis		
1527	Sacco di Roma		
1527–29	Krieg Karls V. gegen Franz I.		
1529	Reichstag zu Speyer (Protestation)	1529	Marburger Religionsgespräch
1529	Türken vor Wien		
1530	Reichstag zu Augsburg	1530	*Confessio Augustana; Confutatio*
1531–47	Schmalkaldischer Bund		
		1531	Tod Zwinglis
1532	Nürnberger Anstand		
1534	Suprematsakte	1534	Suprematsakte
		1534/35	Täuferreich in Münster
		1534–49	Paul III.
1536–38	Krieg Karls V. gegen Franz I.	1536	Wittenberger Konkordie
		1536/37	Schmalkaldische Artikel

Profangeschichte		Kirchengeschichte	
		1537	Konzilseinberufung nach Mantua
1539	Frankfurter Anstand		
		1540	Hagenauer/Wormser Religionsgespräch
		1541	Regensburger Religionsgespräch
1542–44	Krieg Karls V. gegen Franz I.		
		1545–49	Konzil von Trient, 1. Tagungsperiode
1546/47	Schmalkaldischer Krieg	1546	Tod Luthers
		1546	Regensburger Religionsgespräch
1547–59	Heinrich II. von Frankreich		
1548	Augsburger Interim		
		1549	*Consensus Tigurinus*
		1550–55	Julius III.
1552	Passauer Vertrag	1551/52	Konzil von Trient, 2. Tagungsperiode
1552/53	Fürstenkrieg		
1553–58	Maria I. von England		
1555	Augsburger Religionsfrieden	1555	Marcellus II.
		1555–59	Paul IV.
1556–64	Ferdinand I.		
1556–98	Philipp II. von Spanien	1557	Wormser Religionsgespräch
		1558	Frankfurter Rezess
1559/60	Franz II. von Frankreich	1559	*Confessio Gallicana*
		1559–65	Pius IV.
		1560	Tod Melanchthons
		1561	*Confessio Belgica*
1562–98	Religionskriege in Frankreich	1562/63	Konzil von Trient, 3. Tagungsperiode
		1563	Heidelberger Katechismus
1564–76	Maximilian II.	1564	Tod Calvins
		1566–72	Pius V.
		1566	*Catechismus Romanus*
1572	Bartholomäusnacht		
		1575	Tod Bullingers
		1576	Torgauer Konvent
		1577	Konkordienformel
		1580	Konkordienbuch
1598	Edikt von Nantes		

Literaturhinweise

Die Literatur zur Reformationsgeschichte und zur Frühen Neuzeit ist uferlos. Hier können nur einige Hinweise auf zusammenfassende deutschsprachige Darstellungen gegeben werden. In der neueren Forschung zeichnet sich ein Trend ab, die religiösen und politischen Fragestellungen enger zu verbinden, als dies in früheren Zeiten der Fall war.

1. Literaturverzeichnisse

Einen Überblick zur jährlich neu erscheinende Forschungsliteratur liefern:

Archiv für Reformationsgeschichte. Literaturbericht. 1 (1972) ff.

Lutherjahrbuch. Organ der internationalen Lutherforschung. 1919–1941, 1957ff [verschiedene Verlagsorte, heute Göttingen].

2. Quellen

Dotzauer, Winfried (Bearb.): Das Zeitalter der Glaubensspaltung 1500–1618 (Quellenkunde zur dt. Geschichte der Neuzeit von 1500 bis zur Gegenwart 1). Darmstadt 1987.

Luther, Martin: Studienausgabe. 6 Bde. Berlin 1979–1999.

Luther, Martin: Werke. Kritische Gesamtausgabe (Weimarer Ausgabe). Schriften, 62 Bde (WA), Briefe, 14 Bde (WA Br); Tischreden, 6 Bde (WA Tr), Deutsche Bibel, 12 Bde (WA DB). Weimar 1883–1985.

Oberman, Heiko A./Ritter, A. M./Krumwiede, H.-W.: Kirchen- und Theologiegeschichte in Quellen. 4 Bde. Neukirchen-Vluyn 1977–1981. (Verschiedene Neubearbeitungen. Band 3: Die Kirche im Zeitalter der Reformation, ^{5}2004).

3. Handbücher

Kompakt, ausgewogen und auf dem neuesten Stand der Forschung:

Reinhard, Wolfgang, Probleme Deutscher Geschichte 1495–1806. Reichsreform und Reformation 1495–1555 (Gebhardt. Handbuch der Deutschen Geschichte 9). Stuttgart 2001.

Lanzinner, Maximilian, Konfessionelles Zeitalter 1555–1618 (Gebhardt, Handbuch der Deutschen Geschichte 10). Stuttgart 2001, 1–203.

Schon etwas älter, aber immer noch sehr empfehlenswert sind:

Iserloh, Erwin: Reformation, Katholische Reform, Gegenreformation. In: Handbuch der Kirchengeschichte, hrsg. von Hubert Jedin. Band 4. Freiburg 1967.

Engel, Josef, Die Entstehung des neuzeitlichen Europa. (Handbuch der europäischen Geschichte 3). Stuttgart 1971.

Ein guten Gesamtüberblick liefern auch:

Rabe, Horst: Reich und Glaubensspaltung. Deutschland 1500–1600 (Neue Deutsche Geschichte 4). München 1989.

Schilling, Heinz: Aufbruch und Krise. Deutschland 1517–1648. Berlin 1988.

4. Taschenbücher

Besonders für Studenten geeignet sind folgende Darstellungen:

Blickle, Peter: Die Reformation im Reich. Stuttgart ^{3}2000.

Moeller, Bernd: Deutschland im Zeitalter der Reformation. Göttingen ^{4}1999.

5. Literatur zu Luther

Für die enger theologischen Themen der Reformation und die Person Martin Luthers und seine Theologie empfehlen sich:

Lohse, Bernhard: Luthers Theologie in ihrer historischen Entwicklung und in ihrem systematischen Zusammenhang. Göttingen 1995.

Lohse, Bernhard: Martin Luther. Eine Einführung in sein Leben und sein Werk. München ^{3}1997.

Für die Kenntnis von Luthers Lebensweg und seinen Schriften (oft mit ausführlichen Inhaltsangaben) ist unentbehrlich:

Brecht, Martin: Martin Luther. 3 Bde. Stuttgart 1981–1987. Band l: Sein Weg zur Reformation 1483–1521 (^{3}1990); Band 2: Ordnung und Abgrenzung der Reformation 1521–1532 (1986); Band 3: Die Erhaltung der Kirche 1532–1546 (1987).

Einen hervorragenden theologischen Zugang zu Luther aus katholischer Sicht bietet:

Pesch, Otto Hermann: Hinführung zu Luther. Mainz ^{2}2004.

6. Literatur zum Konzil von Trient

Für das Konzil von Trient ist die Darstellung von Jedin unübertroffen, eine knappe gute Übersicht bietet er in der Kleinen Konziliengeschichte:

Jedin, Hubert: Geschichte des Konzils von Trient. 4 Bde. Freiburg 1949–1975.

Jedin, Hubert: Kleine Konziliengeschichte. Freiburg ^{8}1986.

7. Weiterführende Informationen

Ein erster Überblick über die reformatorischen Abläufe in einzelnen Territorien findet sich in den Bänden der Reihe »Katholisches Leben und Kirchenreform im Zeitalter der Glaubensspaltung« (KLK):

Schindling, A./Ziegler, W. (Hrsg.): Die Territorien des Reiches im Zeitalter der Reformation und Konfessionalisierung. Land und Konfession 1500–1650, 7 Bde. (KLK 49–53, 56, 57). Münster 1989–1997.

Eine Lebensbeschreibung der katholischen Theologen und ihrer Position in der Reformationszeit findet sich in folgendem Sammelwerk:

Katholische Theologen und Reformationszeit, Bd. 1–5 (KLK 44–48), hrsg. von Erwin Iserloh; Bd. 6 (KLK 64), hrsg. von Heribert Smolinsky und Peter Walter. Münster 1984–88, 2004.

Als Nachschlagewerk besonders zu empfehlen:

Lexikon der Reformationsgeschichte, Redaktion Klaus Ganzer, Bruno Steimer (Lexikon für Theologie und Kirche kompakt). Freiburg 2002.

8. Einführungen

Schmidt, Heinrich Richard: Konfessionalisierung im 16. Jahrhundert (Enzyklopädie deutscher Geschichte 12). München 1992.

Wohlfeil, Rainer, Einführung in die Geschichte der deutschen Reformation. München 1982.

Register